Totem e tabu

1913

Copyright da tradução e desta edição © 2024 by Edipro Edições Profissionais Ltda.

Título original: *Totem und Tabu: Einige Übereinstimmungen im Seelenleben der Wilden und der Neurotiker*. Publicado pela primeira vez em 1913. Traduzido do original em alemão da Fischer Verlag, de 1961.

Todos os direitos reservados. Nenhuma parte deste livro poderá ser reproduzida ou transmitida de qualquer forma ou por quaisquer meios, eletrônicos ou mecânicos, incluindo fotocópia, gravação ou qualquer sistema de armazenamento e recuperação de informações, sem permissão por escrito do editor.

Grafia conforme o novo Acordo Ortográfico da Língua Portuguesa.

1ª edição, 2024.

Editores: Jair Lot Vieira e Maíra Lot Vieira Micales
Coordenação editorial: Karine Moreto de Almeida
Produção editorial: Richard Sanches
Edição de textos: Marta Almeida de Sá
Assistente editorial: Thiago Santos
Preparação de texto: Thiago de Christo
Revisão: Tatiana Tanaka Dohe
Diagramação: Mioloteca
Capa: Aniele de Macedo Estevo

Dados Internacionais de Catalogação na Publicação (CIP)
(Câmara Brasileira do Livro, SP, Brasil)

Freud, Sigmund, 1856-1939
    Totem e tabu / Sigmund Freud ; tradução e notas Saulo Krieger. – São Paulo : Edipro, 2024.

    Título original: *Totem und Tabu. Einige Übereinstimmungen im Seelenleben der Wilden und der Neurotiker*.

    ISBN 978-65-5660-156-4 (impresso)
    ISBN 978-65-5660-157-1 (e-pub)

    1. Ancestralidade 2. Neuroses 3. Psicanálise 4. Subconsciente I. Krieger, Saulo. II. Título.

24-208060   CDD-150.195

Índice para catálogo sistemático:
1. Neurose obsessiva : Psicanálise : Psicologia 150.195

Eliane de Freitas Leite - Bibliotecária - CRB 8/8415

edipro

São Paulo: (11) 3107-7050 • Bauru: (14) 3234-4121
www.edipro.com.br • edipro@edipro.com.br
@editoraedipro   @editoraedipro

O livro é a porta que se abre para a realização do homem.
Jair Lot Vieira

SIGMUND FREUD

Totem e tabu

1913

Tradução e notas
SAULO KRIEGER
Graduado em Filosofia pela Universidade de São Paulo (USP)
e doutor em Filosofia pela Unifesp, foi bolsista Capes na Université
de Reims, na França. É autor de *O cerne oculto do projeto de Nietzsche:
logos vs. pathos no ato de filosofar* (Ideias e Letras, 2022).

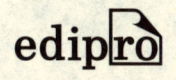

Sumário

Prefácio desta edição, por Caterina Koltai … 7
Prefácio da primeira edição … 12
Prefácio da edição hebraica … 14

I. O horror ao incesto … 15
II. O tabu e a ambivalência dos sentimentos … 35
III. Animismo, magia e onipotência dos pensamentos … 96
IV. O retorno infantil do totemismo … 123

Prefácio desta edição, por Caterina Koltai

Eu os convido a ler esta obra provocativa de Freud nesta nova tradução de Saulo Krieger. Embora tenha sido considerada, por alguns, como obra "menor" do autor, como obra "sociológica", eu os convido a lê-la com a mesma curiosidade com a qual Freud se dispôs a ler a obra antropológica de seu tempo. Embora contenha alguns dos primeiros textos culturais do autor, este livro é um dos mais caleidoscópicos, através do qual ele aborda temas variados e apresenta um ponto de vista extremamente clínico, talvez por meio de uma abordagem mais complexa do que possa parecer à primeira vista.

Homem de seu tempo, Freud nunca deixou de afirmar que a psicanálise não era uma concepção do mundo, mas, sim, uma prática local que não pode se abstrair do mundo, pois seu campo é o do sofrimento do sujeito no universo em que vive, e isso o levou a estabelecer uma analogia entre a história da humanidade e a do indivíduo, entre o filo e a ontogênese, associação à qual ele jamais renunciou, apesar das críticas de que foi alvo.

Freud escreveu os textos compilados aqui nesta obra com muito entusiasmo, como podemos constatar com base na carta que foi enviada a seu discípulo querido Ferenczi, em que dizia estar trabalhando num mito científico que viria a ser seu melhor e mais importante trabalho desde *A interpretação dos sonhos*. Se o autor apostava tanto em sua obra, por que não faríamos o mesmo e não nos disporíamos a ler este livro como um mito, o único mito moderno? Como afirmam Fuks, Basualdo e Braustein, num texto coletivo, por amor a *Totem e tabu*,[1] esse mito

---

1. Betty Fuks; Carina Basualdo; Néstor A. Braunstein (org.), *100 anos de Totem e tabu*. Rio de Janeiro, Contracapa Editora, 2013. (N.E.)

científico foi o escândalo introduzido pela psicanálise no âmago do saber moderno como efeito da grande importância que Freud atribuiu à confluência entre mito e logos.

Compilando dados até então isolados, Freud pôde formular sua hipótese, na qual se misturam elementos biológicos e etnológicos que, embora possam parecer e tenham parecido fantasiosos a muitos, compõem seu mito, aquele que construiu no intuito de poder pensar uma "origem". Nesse que Lacan chamou de único mito moderno, Freud descreve uma sucessão de acontecimentos por meio dos quais a humanidade teria abandonado o estado arcaico em que reinavam incesto e violência para desembocar num outro, regido por um contrato social, em que tanto o incesto quanto o monopólio da violência são proibidos.

Dito isso, e para ilustrar o que acabo de afirmar, me permito, aqui, retomar o resumo desse mito tal qual já o fiz em meu livro *Totem e tabu: um mito freudiano*,[2] que deve ser lido quase como uma história infantil.

> Era uma vez (...) uma horda primitiva, dominada por um macho que gozava de um monopólio sexual absoluto, possuía todas as fêmeas ao mesmo tempo e impedia o acesso dos demais machos a elas. Puro gozo, frustrava o desejo dos filhos por suas mães e irmãs, submetendo todos a sua lei, imposta pela força. Ou seja, nesse primeiro tempo, a força fazia a lei.

O tempo subsequente é o do complô dos filhos frustrados, que um belo dia se revoltaram contra a tirania paterna e decidiram matar o déspota que tanto odiavam e amavam ao mesmo tempo. De seres submissos que eram, passaram ao ato, mataram o pai, realizaram em conjunto aquilo que individualmente nenhum deles teria sido capaz de fazer. Mas outro passo se tornou necessário para selar a existência

---

2. Caterina Koltai, *Totem e tabu: um mito freudiano*. Rio de Janeiro, Civilização Brasileira, 2010. (N.E.)

durável do grupo, o festim totêmico, no decorrer do qual foram levados a devorar o corpo do pai que haviam assassinado, pois só ao comerem da mesma carne, incorporando a força e as virtudes que atribuíam ao pai e se identificando com ele, puderam, finalmente, se reconhecer como irmãos de sangue.

O terceiro e último tempo é aquele do qual os filhos se deram conta no *après coup*, no qual o que cada um deles almejava em segredo era ser o único a vir a ocupar o lugar do pai. Cientes de que isso os levaria a uma guerra fratricida na qual acabariam por se exterminar mutuamente, decidiram renunciar tanto à satisfação incestuosa quanto à violência como meio de consegui-la, obrigando-se a ir buscar suas fêmeas fora da horda, cedendo aquelas às quais havia renunciado aos machos das outras hordas, instaurando, assim, a exogamia. Foi desse modo, por meio do assassinato do pai, que os filhos puderam se descobrir irmãos.

O que se deduz desse mito é que o crime é um ato fundador, tendo a civilização nascido de um crime em comum pelos irmãos, assim como a constatação de que a civilização não só se inicia por meio do crime como se perpetua por ele. Freud introduziu aqui sua tese mais ousada, que lhe permitiu questionar a gênese da *Kultur*, a morte do pai, tema este que seria retomado em *O futuro de uma ilusão*, *O mal-estar na civilização* e *Moisés e o monoteísmo*.

Dito isso, só me resta concordar com Roudinesco e Plon, que definem *Totem e tabu* como uma pequena obra-prima que se apresenta de modo concomitante como um devaneio darwiniano sobre a origem da humanidade, uma digressão sobre os mitos fundadores da religião monoteísta e uma reflexão sobre a tragédia do poder de Sófocles a Shakespeare, e uma longa iniciação por meio da literatura etimológica do final do século XIX. De fato, os grandes temas deste livro são os laços entre a psicanálise e a antropologia, a religião e a questão do pai, e sobre os paradoxos do poder. O assassinato do pai da horda, longe de dar acesso ao gozo, estabeleceu um sistema social com suas leis; a primeira sendo a proibição universal do incesto. Por sua vez, foi esse crime que transformou o chefe da horda em pai, donde se deduz que o pai só existe morto, enquanto ser mítico, e que nessa função ele provoca amor, terror e reverência. Por fim, o assassinato não só traz consigo a constante possibilidade do assassinato como a civilização se inicia e perpetua por ele.

Assim, fica mais fácil compreender por que o parricídio é visto por Freud como um ato fundador, necessário para a passagem da natureza para a cultura, e o totemismo, como forma elementar de religião que nos introduz no mundo da culpa e da renúncia. Antes de tudo, foi esse assassinato primeiro que introduziu a necessidade de uma referência a uma lei transcendente que se manifesta por meio da religião, tema também central no livro desse ateu que era Freud, na medida em que diria respeito aos fundamentos da sociedade humana.

No que se refere propriamente a *Totem e tabu*, tudo indica que, ao se debruçar sobre o totemismo, ele estava à procura de uma explicação histórica e racional para a origem da religião que não necessitasse de um criador, dispensando-o de ter de recorrer ao divino, o que acabou conseguindo por meio da curiosa junção de fenômenos aparentemente tão heterogêneos quanto o totemismo, o sacrifício e a hipótese do pai da horda.

O que Freud faz, na medida em que não acredita num criador, é nos pedir que acreditemos num acontecimento gerador de sentido, num fato real, fundador e único, segundo o qual, um belo dia, os irmãos que haviam sido expulsos se uniram, mataram e comeram o pai, pondo fim, desse modo, à horda paterna. A partir do momento em que o pai morto se tornou mais poderoso que o vivo, passando a ser venerado nos traços do animal totêmico, a comunidade criada no ódio passou a ser mantida pelo amor; o pai morto constituindo a primeira figura odiada que perdurara no inconsciente nos traços da instância horrorosa e obscena do supereu.

A invenção de Deus é o lugar que permite a Freud verificar a analogia entre o devir humano e a história da civilização. É do assassinato descrito neste livro que emerge a figura de Deus, que constitui a pedra angular dos ideais aos quais o homem concedeu sua crença. Ideais que matam, e outros que permitem viver.

Antes de encerrar esta breve apresentação, gostaria de voltar para uma afirmação que Freud faz em seu prefácio, quando nos diz ter a impressão de que, no que diz respeito ao tabu, havia chegado a uma solução definitiva, ao contrário do que acontece com o totem, na medida em que o tabu continua persistindo em nossas sociedades e o totemismo desapareceu. Me pergunto: será?

Ainda que esta obra tenha sido escrita antes das duas guerras mundiais e dos campos de extermínio, este acontecimento maior coletivo e individual, nas palavras de Zaltzman (2007),[3] marcou o colapso da civilização ocidental em sua função de proteção contra o reino da morte, inaugurando um momento em que o homem deixou de ser um homem para si mesmo e para o outro. Nos totalitarismos do século XX, reencontramos um pai primevo e a regressão da comunidade à massa hipnotizada que impede a contrapartida identificadora entre seus membros. Estaríamos, nos dias de hoje, caminhando em direção a uma sociedade com totem e sem tabus, de ódio sem ambivalência.

Caterina Koltai[4]
Outono de 2024

---

3. Nathalie Zaltzman, *L'esprit du mal*, Paris, Éditions de l'Olivier, 2007. (N.T.)
4. Graduada em Sociologia pela Université Paris-Descartes; doutora em Psicologia Clínica pela Pontifícia Universidade Católica (PUC) de São Paulo. É psicanalista, professora universitária e escritora; autora, entre outros textos, dos livros *Por que pacifismo?*, *Política e psicanálise*, *O estrangeiro* e *Totem e tabu: um mito freudiano*. (N.E.)

Prefácio da primeira edição

Os quatro ensaios que seguem, publicados com o subtítulo deste livro nos dois primeiros volumes da revista *Imago*, por mim editada, constituem-se numa primeira tentativa que realizei de aplicar pontos de vista e resultados da psicanálise a problemas da psicologia dos povos que não foram esclarecidos. Eles contêm, assim, uma oposição metodológica, por um lado, à alentada obra de Wilhelm Wundt, que, com o mesmo propósito, se serve das hipóteses e dos modos de trabalho da psicologia não analítica, e, por outro, aos trabalhos da escola psicanalítica de Zurique, esta que, de modo inverso, aspira a resolver problemas da psicologia individual recorrendo a material da psicologia dos povos.[5] De bom grado é preciso admitir que ambos esses lados proporcionaram a incitação mais imediata para os meus próprios trabalhos.

As deficiências desses últimos me são bem conhecidas. Não quero tocar nas que dependem do caráter primogênito dessas investigações. Outras, porém, requerem uma palavra de introdução. Os quatro ensaios aqui reunidos reivindicam o interesse de um círculo mais amplo de pessoas bem instruídas e, na verdade, só podem ser compreendidos e avaliados por algumas poucas a quem a psicanálise, em sua peculiaridade, já não mais é estranha. Eles pretendem mediar entre etnólogos, linguistas e folcloristas, por um lado, e psicanalistas, por outro, sem, porém, poder dar a nenhum desses grupos o que

---

5. Carl Gustav Jung, "Wandlungen und Symbole der Libido" [Transformações e símbolos da libido]. *Jahrbuch für psychoanalytische und psychopathologische Forschungen* [Anuário de pesquisas psicanalíticas e psicopatológicas], vol. IV, 1912; e, do mesmo autor e no mesmo periódico (mas vol. V, 1913), "Versuch einer Darstellung der psychoanalytischen" [Tentativa de exposição das teorias psicanalíticas].

lhes falta: aos primeiros, uma introdução satisfatória à nova técnica psicológica, e, aos segundos, um domínio adequado do material que aguarda ser processado. Desse modo, estes ensaios devem se contentar em chamar a atenção de uns e de outros e em despertar a expectativa de que um encontro mais frequente entre ambos os grupos não se mantenha infecundo para pesquisa.

Os dois temas principais que dão nome a este pequeno livro, o totem e o tabu, não são tratados de igual maneira. A análise do tabu aparece como uma tentativa de solução absolutamente segura de esgotar o problema. A investigação sobre o totemismo satisfaz-se em declarar: eis aqui o que a consideração psicanalítica pode, por ora, ensinar sobre o esclarecimento do problema do totem. Essa diferença está relacionada ao fato de que o tabu, na verdade, persiste mesmo em nosso meio; ainda que em versão negativa e orientado para outros conteúdos, em sua natureza psicológica ele mais não é do que o "imperativo categórico" de Kant, que pretende atuar de maneira compulsória e recusa toda motivação consciente. O totemismo, ao contrário, é uma instituição sociorreligiosa alheada ao nosso sentir atual, em realidade, já há muito abandonada e substituída por formas mais novas, instituição que nos deixou apenas ínfimos vestígios na religião, nos usos e nos costumes da vida dos povos civilizados atuais, e, mesmo entre esses povos que ainda hoje o adotam, ele teve de passar por grandes transformações. O progresso social e técnico da história da humanidade afetou muito menos o tabu do que o totem. Neste livro se ousou a tentativa de atinar para o sentido original do totemismo tomando-se suas marcas infantis, as alusões pelas quais ele torna a aparecer no desenvolvimento de nossos próprios filhos. A estreita conexão entre totem e tabu aponta o caminho a ser seguido pela hipótese aqui sustentada, e se esta, ao final, pareceu bem inverossímil, esse caráter nem sequer resulta numa objeção à possibilidade de que ela possa ter chegado mais ou menos próxima da realidade tão difícil de reconstruir.

Roma, setembro de 1913

Prefácio da edição hebraica

Nenhum dos leitores deste livro poderá, com tanta facilidade, se transpor à situação afetiva do autor, que não compreende a língua sagrada, que se alienou inteiramente da religião paterna — como de toda outra —, que não pode tomar parte de ideais nacionalistas e que, no entanto, jamais tendo negado o pertencimento a seu povo, sente a sua especificidade como judeu e não deseja que seja de outra forma. Se lhe perguntássemos "O que ainda é, em ti, judeu, se renunciaste a todos esses traços em comum com teus compatriotas?", ele responderia: "Ainda muito, provavelmente o que há de principal". Porém, no momento ele não poderia exprimir essa característica essencial em termos claros. Por certo que, mais tarde, alguma vez ela será acessível a um discernimento científico.

Para um tal autor, constitui-se vivência inteiramente peculiar quando seu livro é traduzido na língua hebraica e se põe na mão de leitores que têm esse idioma histórico como uma "língua"[6] viva. Um livro, além do mais, que trata da origem da religião e da moralidade, mas de nenhum ponto de vista judaico, e que não faz restrição alguma em favor do judaísmo. Mas o autor espera coincidir com seu leitor na convicção de que a ciência isenta de pressupostos não pode permanecer estranha ao espírito do novo judaísmo.

Viena, dezembro de 1930

---

6. Deve-se observar que aqui, por "língua", Freud usa o termo "Zunge", geralmente utilizado para língua como órgão, no sentido anatômico, e não "Sprache", comumente empregado para "língua" no sentido de idioma. (N.T.)

I.
O horror ao incesto

Dos estágios de evolução pelos quais passou o homem pré-histórico, ficamos sabendo por meio dos monumentos e utensílios inanimados que ele nos legou, por meio das notícias de sua arte, religião e concepção de vida, que recebemos, diretamente ou pela via da tradição, em sagas, mitos e contos, e por meio dos vestígios de seu modo de pensar que perduram em nossos próprios usos e costumes. Mas, além disso, esse homem ainda é, em certo sentido, nosso contemporâneo; existem seres humanos que acreditamos estarem ainda muito próximos dos primitivos, muito mais próximos do que nós, e, por essa razão, neles vislumbramos os descendentes diretos e os representantes dos homens primevos. Tal é o juízo que formulamos sobre os povos assim chamados selvagens e semisselvagens, cuja vida psíquica adquire para nós um interesse particular, se nos for permitido percebê-la como um estágio prévio bem conservado de nosso próprio desenvolvimento.

Se estiver correta essa premissa, uma comparação entre a "psicologia dos povos naturais", como nos ensina a etnologia, e a psicologia do neurótico, que se fez conhecida por nós por meio da psicanálise, numerosas concordâncias terão de nos ser reveladas, e isso nos permitirá ver sob nova luz o que já é conhecido por aquela e por esta.

Por razões extrínsecas e intrínsecas, seleciono para essa comparação aquelas tribos que os etnógrafos descreveram como as compostas pelos selvagens mais atrasados, os mais miseráveis, os aborígenes do mais novo continente, a Austrália, esta que também, em sua fauna, nos conservou tantos traços de arcaico, em outras partes sepultados.

Os aborígenes da Austrália são considerados de uma raça particular, que não tem parentesco físico nem linguístico com seus vizinhos mais próximos, os povos melanésios, polinésios e malaios. Não constroem casas nem cabanas fixas, não trabalham o solo, não têm outro animal doméstico, a não ser o cão, e nem mesmo conhecem a arte da cerâmica. Alimentam-se exclusivamente da carne de todos os animais que conseguem abater e das raízes encontradas por meio da escavação. Reis ou chefes lhes são desconhecidos, a assembleia de homens maduros é que decide sobre os assuntos comuns. É de todo duvidoso se lhes podemos conceder vestígios de religião sob a forma de veneração a seres mais elevados. As tribos do interior do continente, que, em razão da falta de água, têm de lutar com as mais duras condições de vida, em todos os aspectos parecem ser mais primitivas do que as que habitam próximas à costa.

Desses pobres canibais desnudos certamente não podemos esperar que sejam morais em nosso sentido quanto à vida sexual, que imponham a seus impulsos[7] sexuais um alto grau de limitação. No entanto, ficamos sabendo que eles estabelecem para si como meta a mais esmerada diligência, o mais escrupuloso rigor na prevenção às relações sexuais incestuosas. Sim, sua inteira organização social parece servir a esse propósito ou estar referida à obtenção deste.

---

7. Optamos pela tradução de *Triebe* para "impulsos" (ou *Trieb* para "impulso", tratando-se o singular de uma "força de expressão", já que os impulsos não são unos nem existem isoladamente) porque a tradução por "instinto" redundaria em excessivamente biologizar o texto de Freud — a exemplo do que fez a tradução para o inglês por James Strachey, pela qual, durante muito tempo, se recebeu Freud no Brasil, já que a única tradução então existente fora feita do inglês. Além disso, a língua alemã tem, igualmente, a forma latinizada *Instinkt* — e Freud a utiliza —, esta que aqui, sem mais, traduzimos por "instinto". E não optamos por "pulsões" para o mesmo *Triebe* (ou "pulsão" para *Trieb*) porque, embora seja uma opção consagrada pela recepção de Freud, ela só assim o é na condição de neologismo recebido pela via francesa. Nessa medida, chega a constar dicionarizada pelo *Dicionário Houaiss da Língua Portuguesa*, que registra o termo em sua acepção psicanalítica. Com "impulsos" para *Triebe* entendemos que se estabelece, sem tantas interferências, a conexão entre a língua alemã, do original, e a portuguesa, da tradução — conexão direta que não fora possível em outros momentos da recepção de Freud no Brasil —, uma vez que o substantivo *Triebe/Trieb* deriva do verbo *treiben*, que significa "impulsionar", "impelir", "acionar", "empurrar para a frente". Mais adiante no texto, quando Freud se valer da forma latinizada *Impulse*, nós o traduziremos da mesma forma por "impulsos", inserindo entre colchetes o termo *Impulse*, a título de diferenciação. (N.T.)

No lugar de todas as instituições religiosas e sociais que lhes faltam, entre os australianos encontra-se o sistema do *totemismo*. As tribos australianas se decompõem em estirpes menores ou clãs, cada um dos quais sendo nomeado segundo o seu totem. Mas o que é um totem? Via de regra, um animal, um animal comestível, inofensivo ou perigoso, temido, raramente uma planta ou uma força da natureza (chuva, água), que mantém uma relação particular com toda a estirpe. O totem é, em primeiro lugar, o antepassado da estirpe, mas também seu espírito protetor e auxiliador, que lhe envia oráculos, e, mesmo quando ele é perigoso, conhece seus filhos e os poupa. Os membros do clã totêmico, por sua vez, estabelecem a obrigação sagrada, cuja inobservância se castiga por si só, de não matar (aniquilar) seu totem, e de se abster de sua carne (ou de qualquer usufruto que ele possa oferecer). O caráter do totem não adere a um animal ou ser específico, mas a todos os indivíduos de sua espécie. De tempos em tempos, são celebradas festas nas quais os membros do clã apresentam ou imitam em danças cerimoniais os movimentos e as qualidades de seu totem.

O totem se herda ou pela linha materna ou pela paterna; a primeira variedade é possivelmente a originária em toda a parte, apenas mais tarde tendo sido substituída pela segunda. O pertencimento ao totem é a base de todas as obrigações sociais dos australianos: por um lado, a preponderar sobre o pertencimento a uma tribo e, por outro, a relegar a segundo plano o parentesco de sangue.[8]

O totem não está ligado a um solo ou a um lugar; os membros do clã totêmico vivem separados uns dos outros e convivem pacificamente com seguidores de outros totens.[9]

---

8. James George Frazer, *Totemism and Exogamy* [Totemismo e exogamia], vol. I. Londres, Macmillan and Co., 1910, p. 53. "*The totem bond is stronger than the bond of blood or family in the modern sense*" [O vínculo do totem é mais forte do que o vínculo consanguíneo ou de família no sentido moderno].
9. Esse sumaríssimo extrato do sistema totêmico não pode ficar sem elucidações e restrições: o nome "totem" foi tomado em 1791 dos peles-vermelhas da América do Norte pelo inglês John Long. O objeto, em si, paulatinamente encontrou grande interesse na ciência e suscitou abundante bibliografia, da qual eu ressalto o livro em quatro volumes de Frazer, *Totemism*

E agora temos de, enfim, recordar a peculiaridade do sistema totêmico, em virtude da qual também o interesse do psicanalista a ele se volta. Quase em toda parte onde rege o totem tem-se também a lei de que *membros do mesmo totem não estabeleçam relações sexuais entre si, não sendo permitido, portanto, o casamento entre eles.* É a *exogamia*, vinculada ao totem.

Essa proibição, severamente aplicada, é algo bastante notável. Não é anunciada por nada do que até aqui viemos a saber pelo conceito ou pelas propriedades do totem; tampouco se compreende como ela foi introduzida no sistema do totemismo. Por isso, não nos espanta muitos pesquisadores suporem, sem mais, que, em sua origem — no princípio dos tempos e do sentido —, a exogamia nada tivesse

---

and Exogamy, de 1910, e livros e escritos de Andrew Lang (*The Secret of the Totem* [O segredo do totem], de 1905). O mérito em ter reconhecido a importância do totemismo para a história primordial da humanidade pertence ao escocês John Ferguson McLennan (1869-1870). À parte o totemismo dos australianos, instituições totêmicas foram ou ainda hoje são observadas entre os índios da América do Norte, também entre os povos das ilhas da Oceania, nas Índias Orientais e em boa parte da África. Mas numerosos vestígios e reminiscências, que de outro modo seriam de difícil interpretação, permitem inferir que o totemismo existiu outrora também entre povos originários arianos e semitas da Europa e da Ásia, de modo que muitos pesquisadores estão inclinados a reconhecer no totemismo uma fase necessária e universalmente disseminada do desenvolvimento humano.

Ora, como chegaram os homens da Pré-história a se atribuir um totem, isto é, como foi que converteram o fato de descender deste ou daquele animal em base de suas obrigações sociais e, como logo se verá, também de suas restrições sociais? A esse respeito há numerosas teorias, das quais o leitor alemão poderá encontrar um panorama na *Völkerpsychologie* [Psicologia dos povos] de Wilhem Wundt (vol. II, "Mythus und Religion" [Mito e religião]), ainda que não haja aí nenhum acordo. Prometo, em breve, fazer do totemismo objeto de um estudo particular, no qual tentarei solucioná-lo mediante a aplicação do modo de pensar psicanalítico (*ver o quarto ensaio deste volume*).

Ocorre que não apenas a teoria do totemismo está sujeita a polêmicas, mas também os próprios fatos mal podem ser expressos em enunciados gerais, como acima se intentou. Quase não há afirmação a que não se tenha de acrescentar exceções ou contradições. Mas não se deve esquecer que mesmo os povos mais primitivos e conservadores são, em certo sentido, povos antigos, tendo atrás de si um longo período em que o que neles havia de originário passou por uma série de desenvolvimentos e de desfigurações. Desse modo, entre os povos que ainda hoje apresentam o totemismo, nós o encontramos nos mais variados estágios de decadência, de desintegração, de transição para outras instituições sociais e religiosas, ou, então, em configurações estacionárias, possivelmente bem distanciadas de sua essência original. A dificuldade reside, assim, em não ser muito fácil decidir o que, nas circunstâncias atuais, pode ser apreendido como cópia fiel do passado provido de sentido e o que seria dele uma deformação secundária.

a ver com o totemismo, mas, sim, que lhe teria sido acrescentada, sem nenhuma conexão mais profunda, tão logo as restrições ao casamento se mostrassem necessárias. Seja como for, a união entre o totemismo e a exogamia existe e se comprova como bastante sólida.

Passemos a esclarecer o significado dessa proibição mediante algumas elucidações adicionais.

a) A punição por transgredir essa proibição não se restringe àquela, por assim dizer, automática do culpado, como no caso de outras proibições totêmicas (por exemplo, a de matar o animal totêmico); a tribo inteira cobra a punição da maneira mais enérgica, como se fosse preciso defender toda a comunidade de um perigo ameaçador ou de uma opressiva culpa. Alguns enunciados do livro de Frazer[10] podem mostrar a seriedade com que tais faltas são tratadas por esses selvagens, que, segundo nossos padrões, seriam, de resto, bem imorais.

In Australia the regular penalty for sexual intercourse with a person of a forbidden clan is death. It matters not whether the woman be of the same local group or has been captured in war from another tribe; a man of the wrong clan who uses her as his wife is hunted down and killed by his clansmen, and so is the woman; though in some cases, if they succeed in eluding capture for a certain time, the offence may be condoned. In the Ta-Ta-thi tribe, New South Wales, in the rare cases which occur, the man is killed but the woman is only beaten or speared, or both, till she is nearly dead; the reason given for not actually killing her being that she was probably coerced. Even in casual amours the clan prohibitions are strictly observed, any violations of these prohibitions "are regarded the utmost abhorrence and are punished by death. (Alfred William Howitt)[11]

---

10. James George Frazer, op. cit., vol. I, p. 54.
11. Na Austrália, a punição regular por se manter relação sexual com uma pessoa de um clã proibido é a morte. Não importa que a mulher pertença ao mesmo grupo local ou que tenha sido capturada na guerra por outra tribo; um homem do clã impróprio que a tome como esposa é caçado e morto pelos homens de seu clã, e o mesmo acontece com a mulher; em

b) Considerando que a mesma dura punição é aplicada também a amores passageiros, que não tenham engendrado filhos, outros motivos para a proibição — por exemplo, motivos práticos — são improváveis.

c) Uma vez que o totem é hereditário e não se altera pelo casamento, é fácil visualizar as consequências da proibição, como no caso da hereditariedade materna. Se o homem pertence, por exemplo, a um clã cujo totem é o canguru e se casa com uma mulher cujo totem do clã é o emu, os filhos, tanto meninos quanto meninas, serão todos emu.[12]

d) Porém, basta apenas uma advertência para se entender que a exogamia conectada ao totem consegue mais, e, portanto, visa a algo mais, do que a prevenção ao incesto com mãe e irmãs. Também impede ao homem a união sexual com todas as mulheres de sua própria estirpe, ou seja, com certo número de pessoas do sexo feminino que não lhe sejam parentes consanguíneas, ainda que ele trate essas mulheres como se o fossem. A justificação psicológica para essa enorme limitação, que ultrapassa tudo o que com ela se possa comparar entre povos civilizados, de início não se faz clara. Acredita-se apenas compreender que o papel do totem (animal) como antepassado é levado bastante a sério. Todo aquele que descende do mesmo totem é parente

---

alguns casos, no entanto, se eles conseguem escapar à captura por um certo tempo, a transgressão pode ser perdoada. Na tribo Ta-ta-thi, de Nova Gales do Sul, nos raros casos em que isso acontece, o homem é morto, mas a mulher é apenas açoitada ou ferida com lanças, ou ambos, até que esteja quase morta; a razão dada para não a matar é a de que provavelmente ela foi coagida. Mesmo em relações amorosas casuais, as proibições do clã são estritamente observadas, e quaisquer violações a essas proibições "são consideradas com o máximo repúdio e punidas com a morte". (N.T.)

12. Porém, para o pai que fosse canguru, o incesto com as filhas emu — ao menos por essa proibição — estaria liberado. Para o caso de hereditariedade paterna, o pai seria canguru, e também os filhos, ao pai sendo interditado o incesto com as filhas, enquanto o incesto do filho com a mãe estaria permitido. Essas consequências da proibição totêmica indicam que a hereditariedade materna seria mais antiga que a paterna, havendo motivos para supor que a proibição totêmica dissesse respeito sobretudo aos desejos incestuosos do filho. (N.T.)

consanguíneo, forma uma família, e, nessa família, os graus mais afastados de parentesco são reconhecidos como obstrução absoluta à união sexual.

Assim, pois, esses selvagens nos mostram um grau de horror ou de sensibilidade ao incesto insolitamente alto, atrelado à peculiaridade, por nós não bem compreendida, pela qual eles substituem o parentesco consanguíneo real pelo parentesco totêmico. Mas não podemos exagerar demais essa oposição, e devemos ter na memória que a proibição totêmica inclui o incesto efetivo como caso especial.

A forma como se chegou a substituir a família efetiva pela estirpe totêmica permanece um enigma, e sua solução talvez possa coincidir com o esclarecimento do próprio totem. Seria preciso considerar, não obstante, que, numa certa liberdade sexual que transcenda os limites do casamento, o parentesco consanguíneo e, com isso, a prevenção ao incesto tornam-se tão incertos que não podemos prescindir de outra fundamentação para a proibição. Desse modo, não será supérfluo observar que os costumes dos australianos reconhecem condições sociais e ocasiões festivas nas quais é infringido o exclusivo direito ao casamento de um homem sobre uma mulher.

O uso linguístico dessas tribos australianas[13] exibe uma característica que, sem dúvida, se insere nesse contexto. As relações de parentesco de que se servem não levam em conta a relação entre dois indivíduos, mas, sim, entre um indivíduo e um grupo; segundo a expressão de Lewis Henry Morgan, pertencem ao sistema "classificatório". Isso quer dizer que um homem chama de "pai" não apenas seu genitor, mas também todo homem que, de acordo com os estatutos tribais, teria podido casar com sua mãe e, assim, teria sido seu pai; ele chama de "mãe" toda outra mulher, além daquela que o deu à luz, que, sem violar as leis da tribo, poderia ter sido sua mãe;

---

13. Assim como o da maioria dos povos totêmicos.

ele chama de "irmão" e "irmã" não apenas os filhos de seus verdadeiros pais, mas também os filhos de todas as pessoas mencionadas que com ele mantêm uma relação parental de caráter grupal, etc. Portanto, os nomes de parentesco que dois australianos se deem entre si não necessariamente significam um parentesco consanguíneo entre eles, como teria de ser segundo o nosso uso linguístico; esses nomes muito mais designam relações tanto sociais quanto físicas. Encontramos uma aproximação a esse sistema classificatório entre as crianças, quando as fazemos saudar todo amigo ou amiga de seus pais por "tio" e "tia", ou, em sentido figurado, quando falamos de "irmãos em Apolo" ou "irmãs em Cristo".

A explicação desse uso linguístico que nos é tão estranho obtém-se facilmente quando o tomamos como remanescente e indício daquela instituição matrimonial que o Reverendo Lorimer Fison chamou de "casamento por grupos", cuja essência consiste em que certo número de homens exerce direitos maritais sobre determinado número de mulheres. Os filhos desse casamento por grupos, então, legitimamente se consideram irmãos uns dos outros, ainda que nem todos sejam nascidos da mesma mãe, e tomam por pai a todos os homens do grupo.

Ainda que alguns autores, como Edvard Alexander Westermarck, por exemplo, em sua *Geschichte der menschlichen Ehe* [História do casamento humano],[14] contradigam as conclusões que outros tenham extraído da existência dos nomes de parentesco por grupos, os melhores conhecedores dos selvagens australianos concordam precisamente em que os nomes de parentesco classificatórios devem ser considerados como reminiscências dos tempos do casamento por grupos. Sim; segundo Baldwin Spencer e Frank Gillen,[15] uma certa forma de casamento por grupos pode ser constatada ainda hoje entre as tribos dos urabuna e dos dieri. Assim, entre

---

14. 2. ed., 1902.
15. *The Native Tribes of Central Australia* [As tribos nativas da Austrália Central]. Londres, 1899.

esses povos, o casamento por grupos teria precedido o casamento individual e não teria desaparecido sem deixar vestígios nítidos na linguagem e nos costumes.

Mas, se substituímos o casamento individual pelo casamento por grupos, compreendemos o aparente excesso na prevenção ao incesto, excesso que encontramos entre esses mesmos povos. A exogamia totêmica, a proibição às relações sexuais entre membros do mesmo clã, parece-nos o meio adequado para se evitar o incesto grupal, e esse meio, então, foi fixado e sobreviveu à sua motivação por muito tempo.

Se, desse modo, acreditamos ter compreendido a motivação das limitações ao matrimônio entre os selvagens australianos, ainda temos de tomar conhecimento de que as relações efetivas permitem discernir uma complexidade muito maior: à primeira vista, desconcertante. É que são poucas as tribos na Austrália que não revelam outra proibição além da restrição totêmica. A maioria está organizada de maneira a que primeiramente se decomponham em duas metades, que foram chamadas de classes matrimoniais (em inglês, *phratries*). Cada uma dessas classes matrimoniais é exógama e inclui uma pluralidade de estirpes totêmicas. De modo geral, toda classe matrimonial divide-se ainda em duas subclasses (*subphratries*), a tribo como um todo, então, em quatro; as subclasses estão, assim, situadas entre as fratrias e as estirpes totêmicas.

O esquema típico de organização de uma tribo australiana, que ocorre efetivamente com bastante frequência, se dá como segue:

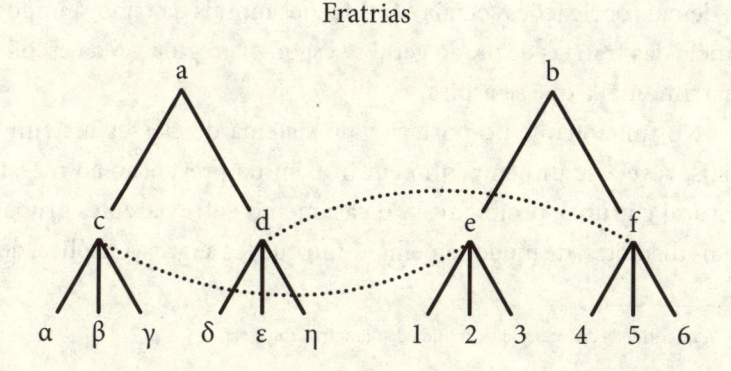

Fratrias

As doze estirpes totêmicas estão subordinadas em quatro subclasses e duas classes. Todas as subdivisões são exógamas.[16] A subclasse *c* compõe uma unidade exógama com *e*, a subclasse *d*, com *f*. O resultado, ou seja, a tendência dessas disposições, não dá margem a dúvidas: por essa via se produz limitação ainda maior à escolha do cônjuge e à liberdade sexual. Se só existissem as doze estirpes totêmicas, cada membro de uma delas, então — supondo-se o mesmo número de pessoas em cada estirpe —, teria 11/12 de todas as mulheres da tribo à sua disposição para a escolha. A existência das duas fratrias limita esse número a 6/12 = 1/2; um homem do totem α pode se casar somente com uma mulher das estirpes de 1 a 6. Na introdução de ambas as subclasses, a escolha se reduz a 3/12 = 1/4; um homem do totem α tem de limitar sua escolha matrimonial a mulheres dos totens 4, 5 e 6.

As relações históricas entre as classes matrimoniais — que, em algumas tribos, chegam a oito — e as estirpes totêmicas são de todo obscuras. Vê-se apenas que essas instituições desejam alcançar o mesmo que a exogamia totêmica, e que pretendem conseguir ainda mais. Porém, enquanto a exogamia totêmica dá a impressão de um estatuto sagrado, surgido não se sabe como — ou seja, de um costume —, as complexas instituições das classes matrimoniais, suas subdivisões e as condições a elas atreladas parecem derivar de uma legislação pautada por fins conscientes, e esta, possivelmente, retomou a tarefa da prevenção ao incesto, já que a influência do totem diminuiu. E se o sistema totêmico, como sabemos, é a base de todas as demais obrigações sociais e limitações morais da tribo, a importância das fratrias de modo geral se esgota na regulação da escolha matrimonial a que se aspira.

No funcionamento posterior do sistema de classes matrimoniais, revela-se um empenho em ir além da prevenção ao incesto natural e grupal, proibindo-se o casamento entre parentes grupais mais distantes, de modo semelhante ao que fez a Igreja Católica, que

---

16. A quantidade de totens foi escolhida de maneira arbitrária.

estendeu aos primos a proibição ao matrimônio, esta que vigorava desde sempre entre irmãos, e inventou, ademais, os graus espirituais de parentesco.[17]

Serviria pouco a nossos interesses o desejo de penetrar mais a fundo nas discussões extraordinariamente intrincadas e não aclaradas sobre a origem e o significado das classes matrimoniais, bem como sobre a relação com o totem. Para nossos fins, basta a indicação do grande cuidado que tanto os australianos quanto outros povos selvagens empregam na prevenção ao incesto.[18] Devemos dizer que esses selvagens são mesmo tão suscetíveis ao incesto quanto nós. É provável que entre eles a tentação seja mais forte, fazendo-se necessária uma proteção mais ampla contra ela.

Mas o horror ao incesto da parte desses povos não se satisfaz com o estabelecimento das instituições descritas, que nos parecem ter sido erigidas, sobretudo, contra o incesto grupal. Temos de acrescentar uma série de "costumes" a resguardar as relações individuais entre parentes próximos — no sentido que damos a esse parentesco —, costumes que são observados com uma severidade quase religiosa, e seu propósito dificilmente pareceria duvidoso. Pode-se chamar esses costumes ou essas proibições morais de "evitações" (*avoidances*). Sua disseminação vai muito além dos povos totêmicos australianos. Mas também aqui preciso pedir aos leitores que se contentem com um extrato fragmentário do rico material.

Entre os melanésios, tais proibições limitadoras se orientam contra as relações dos rapazes com a mãe e as irmãs. Assim, por exemplo, na Ilha Lepers, uma das Novas Hébridas, o rapaz de uma certa idade abandona a casa materna e se muda para o "casa clube", onde passa a regularmente dormir e tomar suas refeições. É certo que ainda lhe é permitido visitar a casa materna, para ali pedir alimento, mas, se sua irmã estiver em casa, ele tem de ir embora sem

---

17. Verbete "totemismo" na *Encyclopaedia Britannica*, 11. ed.
18. Nesse ponto Storfer insistiu recentemente, em seu estudo "Zur Sonderstellung des Vatermördes" [Sobre a posição especial do parricídio]. *Schriften zur angewandten Seelenkunde* [Escritos sobre psicologia aplicada], 12ª cad. Viena, 1911.

ter comido; se nenhuma irmã estiver presente, ele tem a permissão de sentar-se e comer perto da porta. Se irmão e irmã casualmente se encontrarem pelo campo, ela terá de afastar-se correndo ou esconder--se. Se o rapaz reconhecer determinadas pegadas na área como sendo de sua irmã, ele não deverá segui-las, como tampouco ela, as dele. Além disso, ele jamais pronunciará o nome dela e se resguardará de empregar palavra de uso corrente, caso ela esteja contida no nome da irmã. Essa prevenção, que se inicia com a cerimônia da puberdade, será mantida durante toda a vida. A reserva entre uma mãe e seu filho aumenta com os anos, e, aliás, ela é preponderante da parte da mãe. Se esta lhe oferece algo para comer, não chega até o filho, mas, sim, deixa o alimento diante dele; não se dirige a ele de forma familiar, não lhe trata — segundo o nosso uso linguístico — por "tu", e, sim, por "o senhor". Usos semelhantes predominam na Nova Caledônia. Se irmão e irmã se encontram, ela foge para trás de algum arbusto, e ele segue em frente, sem virar a cabeça em sua direção.[19]

Na Península de Gazelle, na Nova Bretanha, uma irmã já não pode dirigir a palavra a seu irmão após o casamento dela, também não fala mais o seu nome, mas o designa com um circunlóquio.[20]

Em Nova Irlanda, primo e prima (ainda que não de qualquer tipo) são afetados por tais restrições, da mesma forma que irmão e irmã. Eles não podem se aproximar um do outro, não podem se dar as mãos nem presentear, mas podem se falar à distância de alguns passos. A punição para o incesto com a irmã é a morte por enforcamento.[21]

Nas Ilhas Fiji, essas regras de evitação são particularmente severas, recaem não apenas sobre as irmãs consanguíneas, mas mesmo sobre as irmãs grupais. Tanto mais peculiar isso nos parece quando ficamos sabendo que esses selvagens conhecem orgias sagradas, nas

---

19. Robert Henry Codrington, *The Melanesians* [Os melanésios], citado por Frazer, 1910, vol. I, p. 77.
20. August Kleintitschen, *Die Küstenbewohner der Gazellen-Halbinsel* [Os habitantes da costa da Península de Gazelle], citado por Frazer, op. cit., v. II, p. 124.
21. P. G. Peckel, *Anthropos*, 1908, citado por Frazer, op. cit., v. II, p. 131.

quais justamente se busca a união sexual entre esses graus proibidos de parentesco, a menos que prefiramos, em vez de nos espantar com essa oposição, empregá-la para explicar a proibição.[22]

Entre os *battas* de Sumatra, os mandamentos de evitação afetam todas as relações de parentesco próximas. Para um *batta* seria altamente escandaloso, por exemplo, acompanhar sua própria irmã a uma festa noturna. Um irmão *batta* se sentiria desconfortável em tal festa em companhia da irmã, mesmo que outras pessoas estivessem presentes. Se um deles entra em casa, a outra parte prefere ir embora. Um pai também não ficará sozinho em casa com sua filha, e, da mesma forma, uma mãe com seu filho. O missionário holandês que nos relata esses costumes acrescenta que, infelizmente, ele não pode tomá-los por menos do que bem fundamentados. Entre esse povo se supõe, sem mais, que o fato de se encontrarem a sós um homem e uma mulher leva a uma intimidade indevida, e, uma vez que eles esperam da relação entre parentes consanguíneos próximos todas as punições possíveis e consequências terríveis, fazem bem em evitar todas as tentações mediante tais preceitos.[23]

Entre os barongos da Baía de Maputo, na África, é de maneira curiosa que se tem a vigência dos mais rígidos preceitos a respeito da cunhada, da mulher do irmão da própria mulher. Se um homem encontra em algum lugar essa pessoa, que lhe é perigosa, ele a evita cuidadosamente. Não ousa comer do mesmo prato que ela, fala-lhe apenas de modo vacilante, não ousa entrar em sua cabana e a saúda apenas com voz trêmula.[24]

Entre os *akambas* (ou *wakambas*), da África Oriental Britânica, tem-se a vigência de um mandamento de evitação que se esperaria encontrar com mais frequência. Entre a puberdade e o casamento, uma garota tem de evitar cuidadosamente o próprio pai. Ela se esconde se o encontra pela rua, procura nunca se sentar junto dele e se

---

22. Reverendo Lorimer Fison, citado por Frazer, op. cit., v. II, p. 147.
23. Frazer, op. cit., v. II, p. 189.
24. Junod, citado por Frazer, op. cit., v. II, p. 388.

comporta assim enquanto durar o noivado. Uma vez casada, já não há nenhum obstáculo a impedi-la na relação com o pai.[25]

A evitação que, de longe, é a mais disseminada, rigorosa e, também para povos civilizados, interessante é a que limita as relações entre um homem e sua sogra. Essa evitação é completamente generalizada na Austrália, estando em vigor também entre melanésios, polinésios e povos negros da África, até onde alcançam os resquícios do totemismo e do parentesco por grupos, e, provavelmente, mais além. Em muitos desses povos existem proibições semelhantes contra a relação inocente de uma mulher com seu sogro, mas nem de longe são tão constantes ou tão sérias. Em casos isolados, ambos os sogros se tornam objeto de evitação.

Uma vez que nos interessamos menos pela disseminação etnográfica do que pelo conteúdo e pelo propósito da evitação da sogra, também aqui devo me limitar à reprodução de alguns exemplos.

Nas Ilhas Banks, esses mandamentos são bastante rígidos, e sua observância é penosa. Um homem tem de evitar a proximidade da sogra, e ela, a dele. Se, por casualidade, eles se encontram em algum caminho, a mulher vai para o lado e lhe dá as costas até ele ter passado, ou ele faz o mesmo.

Em Vanua Lava (Port Patteson), um homem sequer seguirá sua sogra na praia até que a maré cheia tenha apagado as pegadas de seus passos na areia. No entanto, eles podem dirigir-se a palavra a certa distância. É expressamente vedado a ele chegar a pronunciar o nome de sua sogra, ou ela, o de seu genro.[26]

Nas Ilhas Salomão, a contar de seu matrimônio, o homem não deve nem ver sua sogra nem com ela falar. Se a encontra, não faz como se já a tivesse conhecido, e, sim, corre o máximo que puder para se esconder.[27]

---

25. Frazer, op. cit., v. II, p. 424.
26. Ibidem, p. 76.
27. Carl Ribbe, *Zwei Jahre unter den Kannibalen der Salomo-Inseln* [Dois anos entre os canibais das Ilhas Salomão], 1905, citado por Frazer, op. cit., v. II, p. 117.

Entre os cafres zulus, o costume exige que um homem tenha vergonha de sua sogra e faça todo o possível para se evadir de sua companhia. Ele não entra na cabana em que ela se encontra, e, se eles depararem um com o outro, ou ele ou ela vai para o lado, ela podendo se esconder atrás de um arbusto, enquanto ele mantém seu escudo diante do rosto. Se não puderem se evitar, e a mulher não tiver onde se ocultar, eles devem ao menos amarrar um tufo de capim em torno da cabeça, para cumprir com o cerimonial. As relações entre eles ou têm de ser geridas por uma terceira pessoa ou eles podem gritar um para o outro a uma certa distância, quando tiverem entre si uma barreira, por exemplo, o cercado do *kraal* [assentamento]. Nenhum deles tem permissão de ter o nome do outro em sua boca.[28]

Entre os basogas, tribo negra da região das nascentes do Nilo, um homem tem a permissão de falar com sua sogra somente se ela estiver em outro cômodo da casa e não o estiver vendo. Esse povo, aliás, tem um horror tão grande ao incesto que pune até mesmo os animais domésticos.[29]

Se o propósito e o significado das outras evitações entre parentes próximos não admitem a menor dúvida, de modo que todos os observadores as concebem como medidas de proteção contra o incesto, as proibições que digam respeito às relações com a sogra recebem de muitos autores uma interpretação diversa. Com razão, pareceu incompreensível que todos esses povos tivessem demonstrado tão grande medo diante da tentação que se acerca do homem sob a forma de uma mulher mais velha, que poderia ser sua mãe, sem o ser efetivamente.[30]

Essa objeção foi levantada também contra a concepção de L. Fison, que fez observar que certos sistemas de classes matrimoniais revelam aí uma lacuna, qual seja, a de não impedir teoricamente o casamento entre um homem e sua sogra; para isso tinha feito falta uma garantia especial contra essa possibilidade.

---

28. Frazer, op. cit., v. II, p. 385.
29. Ibidem, p. 461.
30. Cf. Alfred Ernest Crawley, *The Mystic Rose* [A rosa mística]. Londres, 1902, p. 405.

Sir John Lubbock, em sua obra *Origin of civilization* [Origem da civilização], remete o comportamento da sogra para com o genro ao antigo casamento por rapto (*marriage by capture*). "Uma vez que o rapto da esposa existiu de fato, também a indignação dos pais foi bastante séria. E se dessa forma de casamento restaram apenas alguns símbolos, certamente a indignação dos pais foi um deles, e esse costume ainda perdura, por mais que se tenha esquecido a sua origem." A Crawley fica fácil mostrar quão pouco compatível é essa tentativa de explicação com os detalhes da observação factual.

Segundo Edward Burnett Tylor, o tratamento que a sogra dispensa ao genro nada mais seria que uma forma de "não reconhecimento" (*cutting*) da parte da família da mulher. O marido é considerado um estranho até o nascimento do primeiro filho. Abstraindo-se dos casos em que essa última condição não suspende a proibição, a explicação de E. B. Tylor suscita a objeção segundo a qual a orientação do costume não esclarece a relação entre genro e sogra, e, com isso, descuida do fator sexual; além disso, não leva em conta o fator que até poderíamos chamar de "horror sagrado" e que se expressa nos mandamentos de evitação.[31]

Uma mulher zulu, a quem perguntaram sobre a fundamentação da proibição, deu uma resposta carregada de sentimento de ternura: não é certo que ele veja os seios que amamentaram sua mulher.[32]

É sabido que também entre os povos civilizados a relação entre genro e sogra está entre os aspectos espinhosos da organização familiar. Se é verdade que na sociedade dos povos brancos da Europa e da América já não subsistem mandamentos de evitação para ambos, contendas e desgostos frequentes teriam sido evitados se tais preceitos persistissem como costume e não tivessem de ser novamente erigidos pelos indivíduos. A muitos europeus pode parecer um ato de elevada sabedoria o dos povos selvagens que, com seus

---

31. Ibidem, p. 407.
32. David Leslie, *Among the Zulus and Amatongas* [Entre os zulus e amatongas], 1875, citado por Crawley, op. cit., p. 401.

mandamentos de evitação, excluíram por antecipação a produção de um acordo entre essas duas pessoas que adquiriram tão próximo parentesco. Não há dúvida de que a situação psicológica de sogra e genro contém algo que promove a hostilidade entre eles e dificulta a sua vida em comum. O fato de que as piadas dos povos civilizados tenham tomado como objeto de predileção justamente o tema da sogra parece-me indicar que as relações emocionais entre ambos os componentes os levam a uma aguda oposição. Eu penso que essa relação, na verdade, é "ambivalente", um composto de sentimentos em oposição, ternos e hostis.

Uma certa fração desses sentimentos é bastante evidente: da parte da sogra, tem-se a aversão a renunciar à posse da filha, a desconfiança em relação ao estranho a quem a entrega, a tendência a afirmar uma posição dominante que vivenciara em sua própria casa. Da parte do homem, a determinação a não se subordinar a nenhuma vontade estranha, o ciúme de todas as pessoas que detiveram a afetuosidade de sua mulher antes dele, e — *last but not least* [por último, mas não menos importante] — a aversão a deixar que se lhe perturbem a ilusão de superestimação sexual. Essa perturbação, o mais das vezes, tem origem na pessoa da sogra, que o faz lembrar dos tantos traços em comum que tem com a filha e que, não obstante, carece de todos os atrativos da juventude, da beleza e do frescor psíquico que, para ele, conferem valor à sua esposa.

O conhecimento dos sentimentos ocultos da alma, proporcionado pela investigação psicanalítica de alguns indivíduos, permite-nos acrescentar a esses motivos ainda outros. Sempre que as necessidades psicossexuais da mulher no casamento e na vida familiar tiverem de estar satisfeitas, há aí a ameaça do risco de ela ficar insatisfeita pela expiração prematura da relação conjugal e pela esterilidade de sua própria vida afetiva. A mãe que envelhece protege-se disso por meio da empatia com os filhos, da identificação com eles, na qual faz suas próprias as vivências afetivas deles. Diz-se que os pais se mantêm jovens junto de seus filhos; esse é, de fato, um dos ganhos psíquicos mais valiosos que os pais extraem de seus filhos. No caso de não haver filhos, carece-se de uma das melhores possibilidades de suportar a resignação necessária ao próprio casamento. Essa empatia da mãe com a filha facilmente leva a que também ela se apaixone pelo homem a quem a filha ama, e este, em casos gritantes, e como consequência da violenta resistência psíquica a essa disposição emocional, conduz a formas graves de adoecimento neurótico. Uma tendência a tal enamoramento é, em todo caso, muito comum na sogra, e ou essa própria tendência ou a aspiração que atua em sentido contrário excluem o torvelinho das forças que travam embate no psiquismo da sogra. Com muita frequência, os componentes não ternos, sádicos da estimulação do amor, são dirigidos ao genro, para que, com mais segurança, se reprima os componentes proscritos.

Para o homem, a relação com a sogra se complica por força de sentimentos semelhantes, embora derivados de outras fontes. A via da escolha de objeto o conduziu a seu objeto amoroso, passando pela imagem da mãe, e talvez, ainda, a da irmã; em consequência da barreira do incesto, sua preferência deslizou das duas pessoas que lhe eram caras em sua infância, indo parar num objeto estranho, imagem especular daquelas. Em lugar da própria mãe e mãe de sua irmã, agora ele vê entrar em cena a sogra; desenvolve-se uma tendência a recair na escolha pré-histórica, mas nele tudo resiste a isso. Seu horror ao incesto exige que ele não se lembre da genealogia de sua escolha amorosa; a atualidade da sogra, esta que ele não conheceu desde sempre como à sua mãe, com a imagem dela assim podendo ter permanecido inalterada no inconsciente, torna-lhe fácil a recusa. Um acréscimo especial de irritabilidade e ódio ao misto de sentimentos permite-nos supor que a sogra, de fato, representa uma tentação incestuosa para o genro, assim como, por outro lado, não é raro que, de início, um homem apaixone-se manifestamente por quem logo se tornará sua sogra, antes que sua inclinação migre para a filha dela.

Não vejo nenhum impedimento à hipótese de que tenha sido precisamente este o fator incestuoso da relação, o que motivou a evitação entre genro e sogra nos povos selvagens. Na elucidação de tais "evitações", de tão rigorosa observância por esses povos primitivos, daremos preferência à concepção originalmente expressa por L. Fison, que, nesses preceitos, vê apenas uma proteção contra o incesto possível. O mesmo valeria para todas as demais evitações entre parentes por consanguinidade ou pela via conjugal. Mantém-se apenas a diferença pela qual, no primeiro caso, o incesto é direto, e, com isso, a intenção de prevenção poderia ser consciente; no outro caso, que inclui a relação com a sogra, o incesto seria uma tentação fantasiosa, mediada por elos intermediários inconscientes.

Nas considerações precedentes, tivemos pouca oportunidade de mostrar que os fatos da psicologia dos povos podem ser vistos com um novo entendimento mediante o emprego da abordagem psicanalítica, pois o horror ao incesto pelos selvagens há muito foi reconhecido como tal e já não requer mais interpretação. O que poderíamos acrescentar à sua apreciação é o enunciado segundo o qual ele seria um traço infantil por excelência, e de uma concordância notável com a vida psíquica do neurótico. A psicanálise nos ensinou que a primeira escolha de objeto sexual do garoto é uma escolha incestuosa, de objetos proscritos, mãe e irmã, e também nos permitiu conhecer os caminhos pelos quais o adulto se liberta da atração do incesto. Mas o neurótico representa, para nós, regularmente, uma peça de infantilismo psíquico, pois ou ele não conseguiu se libertar das relações infantis da psicossexualidade ou retrocedeu a elas (inibição no desenvolvimento e regressão). Em sua vida psíquica inconsciente, as fixações incestuosas da libido seguem desempenhando, ou tornam a desempenhar, um papel central. Chegamos, assim, a declarar a relação com os pais, governada pelos apetites incestuosos, como o *complexo nuclear* da neurose. A descoberta desse significado do incesto para a neurose naturalmente se choca com a mais universal incredulidade das pessoas adultas e normais; essa mesma recusa se oporá, também, por exemplo, aos trabalhos de Otto Rank, que, numa escala cada vez maior, comprovam o quanto o tema do incesto se encontra no centro do interesse poético e fornece material à poesia em inúmeras variações e desfigurações. Somos obrigados a crer que tal recusa seja, sobretudo, um produto da mais profunda aversão do homem aos seus desejos incestuosos de outrora, submetidos a recalque[33] desde então. Por isso, não nos é de pouca importância poder mostrar que também os povos selvagens sentem como ameaçadores, e dignos das mais rigorosas medidas de defesa, os desejos incestuosos do homem, mais tarde destinados à inconsciência.

---

33. Para o termo *Verdrängung* (do verbo *verdrängen*, que, segundo Luiz Albert Hanns, em seu *Dicionário comentado do alemão de Freud* [Rio de Janeiro: Imago, 1996], designa "desalojar", "empurrar para o lado", podendo também significar "incômodo", "sufoco") — que denota o primeiro dispositivo de defesa proposto por Freud —, optamos pela tradução "recalque", salientando, porém, que a variante "recalcamento" e o assemelhado "repressão" são igualmente de uso corrente na recepção de Freud em português. (N.T.)

II.
O tabu e a ambivalência dos sentimentos

1

"Tabu" é uma palavra polinésia cuja tradução nos apresenta dificuldades, já que não mais detemos o conceito por ela designado. Entre os antigos romanos, tal conceito ainda era corrente, o seu "*sacer*" sendo o mesmo que o "tabu" dos polinésios. Também o "ἄγος" dos gregos e o "*kodausch*" dos hebreus têm de significar o mesmo que os polinésios expressam com seu "tabu", assim como, mediante designações análogas, muitos povos da América, da África (Madagascar), da Ásia Setentrional e da Ásia Central.

Para nós, o significado do tabu decompõe-se em duas direções contrárias. Por um lado, significa "sagrado", "santificado", e, por outro, "sinistro", "perigoso", "proibido", "impuro". O oposto ao tabu chama-se, em língua polinésia, "*noa*" = "habitual", "acessível a todos". Com isso, adere ao tabu algo como o conceito de uma reserva, o tabu manifestando-se, também, essencialmente, em proibições e limitações. Nossa expressão "horror sagrado" muitas vezes coincidiria com o sentido de tabu.

As restrições do tabu são algo diferente das proibições religiosas ou morais. Não remetem à proibição de um deus, e, sim, na verdade, proíbem por si mesmas; o que as diferencia das proibições morais é o erro da inclusão em um sistema, que, de um modo bem geral, declara necessárias algumas abstenções e também fundamenta essa necessidade. As proibições do tabu carecem de toda fundamentação; são de origem desconhecida e incompreensíveis para nós, mas parecem evidentes a todo aquele que se encontra sob seu domínio.

Wundt[34] classifica o tabu como o mais antigo código de leis não escrito da humanidade. É universalmente aceito que o tabu seja mais antigo que os deuses e remonte a tempos que antecedem qualquer religião.

Uma vez que necessitamos de uma exposição imparcial do tabu, para submetê-la à consideração psicanalítica, transcrevo, a seguir, um extrato do artigo "tabu" da *Encylopaedia Britannica*,[35] cuja autoria é do antropólogo Northcote W. Thomas.

> A rigor, o tabu abrange apenas a) o caráter sagrado (ou impuro) de pessoas ou coisas, b) o tipo de restrição resultante desse caráter, e c) a sacralidade (ou impureza) que advém da violação dessa proibição. O contrário de tabu chama-se, em polinésio, "*noa*", que significa "habitual" ou "comum" (...).
> Num sentido mais amplo, podem-se distinguir diferentes tipos de tabu: 1. um tabu *natural* ou direto, que é o resultado de uma força misteriosa (*mana*), a aderir a uma pessoa ou coisa; 2. um tabu *compartilhado* ou indireto, que também emana daquela força, sendo, porém, ou a) adquirido ou b) transmitido por um sacerdote, chefe ou por outra pessoa; finalmente, 3. um tabu situado entre os dois, ou seja, quando ambos os fatores são levados em conta, por exemplo, na apropriação de uma mulher por um homem. O nome "tabu" aplica-se também a outras restrições rituais, mas não se deve contar como tabu o que melhor se designaria como proibição religiosa.
> Os fins do tabu são de diferentes tipos: tabus diretos têm por objetivo a) a proteção de pessoas importantes — como chefes, sacerdotes — e coisas e afins contra possíveis danos; b) a segurança dos fracos — mulheres, crianças e pessoas comuns em geral — contra o poderoso *mana* (a força mágica) dos sacerdotes e chefes; c) a proteção contra perigos associados ao contato com cadáveres, ao consumo de certos alimentos, etc.;

---

34. Wundt, "Mythus und Religion". In: *Völkerpsychologie* [Psicologia dos povos], vol. II. 1906, p. 308.
35. Primeira edição, 1911. Também a mais importante comprovação de leitura.

d) a segurança contra a perturbação de importantes atos da vida, como nascimento, iniciação masculina, casamento, atividades sexuais; e) a proteção dos seres humanos contra o poder ou a ira de deuses e demônios;[36] f) o resguardo de recém-nascidos e crianças pequenas contra múltiplos perigos, que os ameaçam em razão de sua dependência simpática especial de seus pais, quando estes, por exemplo, fazem certas coisas ou ingerem alimentos cujo desfrute pudesse transmitir qualidades particulares às crianças. Outro emprego do tabu é a proteção contra roubo da propriedade de uma pessoa, de seus instrumentos, de seu campo, etc.

Sem dúvida que, em sua origem, o castigo pela violação de um tabu era deixado para uma disposição interna, de efeito automático. O próprio tabu violado se vingava. Quando surgem representações de deuses e demônios, com as quais o tabu se põe em relação, espera-se uma punição automática pelo poder da divindade. Em outros casos, provavelmente como decorrência de uma evolução posterior do conceito, a coletividade se encarregava da punição do insultuoso, cuja ação pusera em risco seus companheiros. Desse modo, também os primeiros sistemas de punição da humanidade estão atrelados ao tabu.

Aquele que transgrediu um tabu, por isso mesmo, se torna tabu. Certos perigos que surgem pela violação de um tabu podem ser conjurados mediante atos de penitência e cerimônias de purificação.

Considera-se como fonte do tabu uma força peculiarmente mágica, aderente a pessoas e espíritos e passível de ser transmitida por eles mediante objetos inanimados. Pessoas ou coisas que são tabu podem ser comparadas a objetos eletricamente carregados; eles são a sede de uma força temível, que se comunica por contato e libera efeitos desastrosos caso o organismo que provoca a descarga seja por demais fraco para resistir a ela. O resultado de uma violação do tabu, assim, não depende apenas da intensidade da força mágica, que adere ao objeto tabu, mas também do poder do *mana*, que no ímpio se contrapõe

---

36. Esse emprego do tabu pode também ser posto de lado em sua condição de emprego não original nesse contexto.

àquela força. Desse modo, por exemplo, reis e sacerdotes são detentores de uma força colossal, e para os seus súditos significaria a morte entrar em contato imediato com eles, enquanto um ministro, ou outra pessoa cujo *mana* esteja acima do comum, pode, sem nenhum risco, relacionar-se com eles; por sua vez, essas pessoas intermediárias decidem se devem permitir ou não que seus subalternos se aproximem delas sem as colocar em risco. A importância de tabus compartilhados também depende do *mana* da pessoa de quem emanam; se um rei ou sacerdote impõe um tabu, este se fará mais eficaz do que se adviesse de uma pessoa comum.

É provável que a transmissibilidade de um tabu seja o traço característico a ocasionar a sua eliminação por meio de cerimônias expiatórias.

Existem tabus permanentes e temporários. Sacerdotes e chefes são os primeiros, e, da mesma forma, os mortos e tudo o que lhes pertenceu. Os tabus temporários incorporam-se a certos estados, como a menstruação e o puerpério, à condição do guerreiro antes e depois da expedição, às atividades da pesca e da caça e afins. Um tabu geral, ao modo de um interdito eclesiástico, pode também ser infligido sobre uma grande região, e então persistir durante anos.

Se é que sei corretamente avaliar as impressões de meus leitores, atrevo-me a afirmar que, depois de todas essas enunciações sobre o tabu, eles estão sem saber como o devem representar e onde podem acomodá-lo em seu pensamento. Por certo que isso decorre das informações insuficientes que receberam de mim e da falta de toda elucidação sobre a relação do tabu com a superstição, com a crença nas almas e com a religião. Por outro lado, porém, temo que uma descrição mais pormenorizada de tudo o quanto se sabe sobre o tabu desconcertaria ainda mais o leitor, e posso assegurar que, na realidade, a situação é bastante obscura. Ora, trata-se de uma série de restrições a que esses povos primitivos se submetem; isso e aquilo é proibido, eles não sabem o porquê, e também não lhes ocorre perguntar o motivo, mas submetem-se como que naturalmente e estão convencidos de que uma transgressão é punida por si mesma de maneira mais dura. Existem relatos confiáveis de casos em que a transgressão involuntária a uma proibição foi efetivamente punida de maneira automática. Por exemplo, o infrator que, por inocência, se alimenta de um animal proibido entra em profunda depressão, espera por sua morte e logo morre de verdade. As proibições, o mais das vezes, dizem respeito à capacidade de usufruto, à liberdade de movimento e trânsito; em muitos casos, elas parecem dotadas de sentido, sendo evidente que devem significar abstenções e renúncias, ao passo que o seu conteúdo é de todo incompreensível em outras situações e diz respeito a detalhes sem importância, em tudo se assemelhando a um cerimonial. A todas essas proibições parece subjazer algo como uma teoria, como se as proibições fossem necessárias, pois é inerente a certas pessoas e coisas uma força ameaçadora, que se transmite pelo contato com o objeto assim carregado, quase como uma contaminação. Também se considera a quantidade da propriedade perigosa. Desta, alguma pessoa ou coisa tem mais do que outra, isso sendo proporcional mesmo à diferença de cargas. O mais estranho em tudo é, sem dúvida, que quem esteve em condições de transgredir a regra, ele próprio adquirindo o caráter do proibido, como que assume para si toda a carga de perigo. Essa força adere, então, a todas as pessoas que são algo de especial, como reis, sacerdotes, recém-nascidos, a todos os estados de exceção, como os estados físicos da menstruação, da puberdade, do nascimento, a tudo o quanto há de sinistro, como a doença e a morte, e ao que com isso se relaciona em virtude da capacidade de contaminação ou de disseminação.

Mas "tabu" significa tudo aquilo — pessoas, lugares, objetos e estados passageiros — que seja portador ou fonte dessa misteriosa propriedade. Significa, também, a censura que deriva dessa propriedade, e designa, por fim, em seu sentido literal, algo que é, ao mesmo tempo, sagrado, elevando-se acima do habitual, como, de modo análogo, abarca o perigoso, impuro e sinistro.

Nessa palavra e no sistema a ela atribuído, expressa-se um fragmento da vida psíquica cuja compreensão realmente não nos parece que chegará logo. Devemos ter em mente, sobretudo, que não podemos nos aproximar dessa compreensão sem adentrar as crenças em espíritos e demônios, características de culturas tão profundamente situadas.

Ora, por que haveria de nos interessar o enigma do tabu? Penso que não apenas porque todo problema psicológico seja, em si, a busca de uma solução, mas também por outros motivos. Temos a possibilidade de presumir que o tabu dos selvagens da Polinésia não nos seja algo tão distante como a princípio queríamos acreditar, uma vez que as proibições dos costumes e da moral, às quais nós próprios obedecemos, em sua essência poderiam ter um parentesco com esse tabu primitivo, e que, se o esclarecêssemos, seríamos capazes de lançar luz sobre a origem obscura de nosso próprio "imperativo categórico".

Assim sendo, nós aguçaremos os ouvidos em tensão de especial expectativa quando um pesquisador como W. Wundt compartilha conosco a sua concepção do tabu, e tanto mais se ele promete "remontar às raízes últimas das representações do tabu".[37]

Do conceito de tabu, Wundt afirma que "compreende todas as práticas em que se expressa o horror ante determinados objetos relacionados com representações do culto ou com ações que a eles se refiram".[38]

E, em outra passagem: "Entendemos por ele (pelo tabu), segundo o sentido geral da palavra, toda proibição depositada em usos e costumes ou em leis formuladas expressamente a versar sobre tocar em um objeto, tomá-lo para o seu uso ou empregar certas palavras proscritas (...)"; assim, não haveria povo algum e estágio cultural algum que escapasse do dano infligido pelo tabu.

Wundt, mais tarde, expõe a razão pela qual lhe parece mais adequado estudar a natureza do tabu nas relações primitivas dos

---

37. Wundt, op. cit., p. 300 ss.
38. Ibidem, p. 237.

selvagens australianos do que na cultura mais elevada dos povos polinésios. No caso dos australianos, ele dispõe as proibições do tabu em três classes, de acordo com o que é afetado por elas, animais, homens ou objetos. O tabu dos animais, que consiste essencialmente na proibição de matá-los e consumi-los, compõe o cerne do *totemismo*.[39] O tabu do segundo tipo, que tem como objeto o homem, é de um caráter essencialmente diferente. De antemão, está restrito a condições que, para a pessoa tabuizada, ocasionam uma insólita situação de vida. Assim, os jovens são tabu por ocasião dos festejos de iniciação masculina, as mulheres o são durante a menstruação e imediatamente após o parto, e também as crianças recém-nascidas, os doentes e, sobretudo, os mortos. Sobre a propriedade de uso contínuo de uma pessoa — suas vestes, seus instrumentos e suas armas — pesa um tabu permanente para todos os outros indivíduos. Na Austrália, inclui-se na propriedade pessoal, ainda, o novo nome que um garoto recebe em sua cerimônia de iniciação; este é tabu e deve ser mantido em segredo. Os tabus do terceiro tipo, que repousam sobre plantas, casas e lugares, são variáveis e parecem seguir a regra única segundo a qual está sujeito ao tabu aquele que por qualquer causa desperta o horror ou é sinistro.

Quanto às alterações pelas quais passa o tabu na cultura mais rica dos polinésios e do arquipélago malaio, o próprio Wundt é obrigado a declarar não serem muito profundas. A maior diferenciação social desses povos faz com que chefes, reis e sacerdotes exerçam um tabu especialmente eficaz e estejam eles próprios expostos à mais forte coação do tabu.

Mas as reais fontes do tabu são mais profundas do que os interesses das classes privilegiadas; "elas surgem ali onde as pulsões humanas mais primitivas e, ao mesmo tempo, duradouras se originam, *no medo da ação eficaz de poderes demoníacos*".[40] Originalmente, não sendo nada além do que o medo tornado objetivo do poder

---

39. A esse respeito, ver o primeiro e o último ensaio deste livro.
40. Wundt, op. cit., p. 307.

demoníaco tido por oculto atrás do objeto tabuizado, "o tabu proíbe a estimulação desse poder e ordena afastar a vingança do demônio sempre que ele for violado, intencionalmente ou não".

Gradualmente, o tabu então se converte em um poder fundado em si mesmo, que se desprende do demonismo. Ele se transforma na coação do costume e da tradição, e, finalmente, da lei. "Mas o mandamento que tacitamente se encontra por trás das proibições de tabu, estas que variam segundo tempo e lugar, é originalmente um só: resguarda-te da cólera dos demônios."

Wundt, portanto, nos ensina que o tabu seria uma expressão e emanação da fé dos povos primitivos em poderes demoníacos. Mais tarde, o tabu se soltou dessa raiz e continuou sendo um poder, simplesmente porque antes o era, como consequência de uma espécie de inércia psíquica; por essa via, ele se converteu em raiz de nossos preceitos acerca de costumes e de nossas leis. Por menos que a primeira dessas teses possa suscitar objeção, creio poder emprestar palavras para a impressão de muitos leitores se qualifico como decepcionante o esclarecimento de Wundt. Certamente que isso não significa descer até as fontes das representações do tabu ou assinalar as suas raízes últimas. Na psicologia, nem o medo nem os demônios podem ser considerados coisas últimas, a resistir a toda outra explicação. Seria diferente se os demônios realmente existissem, mas nós sabemos serem eles como os deuses das criações das forças psíquicas do homem: são criados por algo e desde algo.

Sobre o duplo significado do tabu, Wundt manifesta pontos de vista significativos, mas que não se dão a compreender de todo. Segundo ele, para os inícios primitivos do tabu, ainda não se tem uma separação entre o *sagrado* e o *impuro*. Precisamente por isso, esses conceitos careceriam de significado, este que eles só poderiam assumir por meio da oposição recíproca em que entraram. O animal, o homem, o lugar sobre os quais reside um tabu são demoníacos, não são sagrados, e, por isso, tampouco são impuros no sentido posterior. A expressão "tabu" é bem apropriada precisamente para esse significado do demoníaco, ainda indiferente e intermediário, como aquilo que não pode ser tocado, e isso porque tal expressão realça um traço que definitivamente se manterá comum, para todos os tempos, ao sagrado e ao impuro: o horror ante o seu contato. Ocorre que essa persistente comunidade de um importante traço característico é, ao mesmo tempo, um indicativo de que aqui, entre os dois âmbitos, prevalece uma concordância originária, que admite diferenciação apenas como consequência de condições posteriores, pelas quais um e outro finalmente se desenvolveram em opostos.

A própria crença do tabu originário em um poder demoníaco, que está oculto no objeto cujo contato ou uso não permitido é vingado mediante o enfeitiçamento do infrator, vem a ser, precisamente, e de modo inteiro e exclusivo, o medo objetivado. Este ainda não se separou nas duas formas que assume num estágio desenvolvido: a *reverência* e a *aversão*.

Mas como surge essa separação? Segundo Wundt, por meio do transplante dos preceitos do tabu do âmbito dos demônios — e sua inserção no das representações dos deuses. A oposição entre sagrado e impuro coincide com a sequência de dois estágios mitológicos, dos quais o primeiro não desapareceu completamente quando o segundo é atingido, mas, sim, persiste sob a forma de algo que se valora como inferior e ao qual pouco a pouco vem se ajuntar o desprezo. Na mitologia, vale universalmente a lei segundo a qual um estágio passado, precisamente pelo fato de ter sido ultrapassado e forçado para trás pelo mais elevado, persiste junto a este sob a forma rebaixada, de modo que os objetos de sua veneração se transformam em objetos de aversão.[41]

As explicações posteriores de Wundt dizem respeito à relação das representações do tabu com a purificação e com o sacrifício.

2

Quem se acercar do problema do tabu pela psicanálise, isto é, pela pesquisa da participação inconsciente na vida psíquica individual,

---

41. Ibidem, p. 313.

após breve reflexão dirá que esses fenômenos não lhe são estranhos. Ele conhece pessoas que criaram individualmente para si tais proibições de tabu, e seguem-nas da mesma forma rigorosa com que os selvagens seguem as proibições comuns de sua tribo ou de sua comunidade. Se ele não estivesse habituado a designar essas pessoas isoladas por "doentes obsessivos", deveria achar o nome "doença do tabu" adequado para o seu estado. Porém, tantas coisas ficou ele sabendo sobre essa doença obsessiva, por meio da investigação psicanalítica, da etiologia clínica e do essencial do mecanismo psíquico, que não pode se abster de aqui utilizar o que aprendeu para esclarecer o correspondente fenômeno da psicologia dos povos.

Em meio a esse intento, teremos de dar ouvidos a uma advertência. A semelhança do tabu com a doença obsessiva pode ser uma semelhança puramente externa, válida para a forma de manifestação de ambos, sem se estender à sua essência. A natureza aprecia empregar as mesmas formas aos mais diferentes contextos biológicos, por exemplo, às formações de coral como às plantas e, mais ainda, a certos cristais ou à formação de determinados sedimentos químicos. Evidentemente que seria precipitado e pouco promissor se, por força dessas correlações, remontássemos a uma comunidade de condições mecânicas e, com isso, fundássemos inferências a indicar um parentesco interno. Vamos levar em conta essa advertência, mas não precisamos deixar de fazer a intencionada comparação em razão dessa possibilidade.

A correlação mais imediata e notável das proibições obsessivas (nos neuróticos) com o tabu consiste em que essas proibições são igualmente isentas de motivação e enigmáticas em sua origem. Elas surgiram em dado momento, e agora é preciso mantê-las como consequência de um irrefreável medo. Uma ameaça externa de punição se faz supérflua, já que existe uma certeza interna (uma consciência moral) de que a transgressão conduzirá a uma insuportável desgraça. O máximo que os doentes obsessivos são capazes de comunicar é o vago pressentimento de que uma certa pessoa de seu entorno seria penalizada pela transgressão. Não se sabe qual deve ser essa pena, e, ademais, obtemos essa mísera informação mais por ocasião de ações expiatórias e de defesa, das quais falaremos mais adiante, do que pelas próprias proibições.

Como no tabu, a proibição principal e nuclear é a do contato, daí o nome: medo do contato, *délire de toucher*. A proibição não apenas se estende ao contato direto com o corpo, mas assume o alcance da expressão figurada: "entrar em contato". Tudo o que conduz os pensamentos ao proibido e tudo o que provoca um contato de pensamento são tão proibidos quanto o contato corporal imediato; essa mesma extensão reencontramos no tabu.

Uma parte das proibições é, sem mais, compreensível quanto a seu propósito, enquanto uma outra parte, ao contrário, parece-nos inapreensível, insignificante, sem sentido. A tais preceitos chamamos de "cerimonial" e descobrimos que os usos do tabu permitem discernir essa mesma diferenciação.

Intrínseca às proibições obsessivas é a característica de serem extremamente deslocáveis; segundo quaisquer vias de conexão, elas se estendem de um objeto para o outro, tornando também esse novo objeto "impossível", como diz corretamente uma de minhas pacientes. A impossibilidade, por fim, tomou conta do mundo inteiro. Os doentes obsessivos comportam-se como se as pessoas e as coisas "impossíveis" fossem portadoras de uma infecção contagiosa, pronta para se transmitir por contato a todo aquele que esteja na vizinhança. No início deste ensaio, ao descrever as proibições do tabu, realçamos essas mesmas características de capacidade de contágio e transmissibilidade. Também sabemos que quem transgride um tabu pelo contato com algo que é tabu torna-se ele próprio tabu, e a ninguém é permitido o contato com ele.

Passo a comparar dois exemplos de transferência (ou melhor, deslocamento) da proibição; um deles, da vida dos maoris, o outro, de minha observação de uma mulher, paciente obsessiva.

Um chefe maori não atiçará fogo com seu sopro, pois sua respiração sagrada comunicaria sua força ao fogo, este à panela que está no fogo, a panela à refeição que é nela cozida, a refeição a quem a comerá, e, assim, teria de morrer a pessoa que comera a refeição, cozida na panela, que estava no fogo, que foi avivado pelo chefe com seu sopro sagrado e perigoso.[42]

A paciente exigia que afastassem de casa um utensílio que seu marido havia comprado; do contrário, o lugar em que ela morava se tornaria inabitável. Isso porque ela ouvira que esse objeto fora encontrado numa loja localizada na rua Hirsch. "Hirsch", porém, é o nome de uma amiga que vive numa cidade distante, e a quem ela conheceu em sua juventude pelo nome de solteira. O relacionamento com a amiga é, hoje, para ela, "impossível", um tabu, e o objeto comprado em Viena é igualmente tabu, como a própria amiga com quem ela não quer entrar em contato.

As proibições obsessivas trazem consigo uma imensa renúncia e restrições à vida, como as proibições do tabu, porém, parte delas pode ser suprimida pela realização de certas ações, que então são imprescindíveis e têm caráter compulsório — ações compulsivas —, e, quanto à sua natureza de expiação, de pecados, de medidas de defesa e purificação, não resta qualquer dúvida. A mais usual dentre essas ações obsessivas é a de lavar com água (compulsão por se lavar). Uma parte das proibições do tabu pode também ser assim substituída e, de modo correspondente, sua transgressão pode ser compensada por tal "cerimonial", a lustração com água sendo, do mesmo modo, aqui o recurso preferido.

Passemos agora a resumir em quais pontos com mais evidência se manifesta a correlação dos usos do tabu aos sintomas da neurose obsessiva: 1) No caráter não motivado do preceito, 2) em sua consolidação mediante uma coerção interna, 3) em sua deslocabilidade e no risco de contágio pelo proibido, 4) na criação de ações cerimoniais, preceitos que emanam de proibições.

---

42. Frazer, "Taboo and the Perils of the Soul" [Tabu e os perigos da alma], p. 136. In: Frazer, *The Golden Bough* [O ramo de ouro], vol. II, 1911.

Ora, por meio da psicanálise, ficamos conhecendo as histórias clínicas, como a do mecanismo psíquico dos casos de doença obsessiva. Eis aqui um caso típico de medo de contato, que é como segue: bem no início, na primeiríssima infância, manifestou-se um intenso *prazer* pelo contato, e sua meta era muito mais especializada do que se estava inclinado a esperar. A esse prazer logo veio a se contrapor, *de fora*, uma proibição, para que precisamente esse contato não se realizasse.[43] A proibição foi acolhida, já que podia se amparar em poderosas forças interiores;[44] ela se demonstrou mais forte do que o impulso que queria se exteriorizar no contato. Mas, como consequência da constituição psíquica primitiva da criança, a proibição não chegou a anular o impulso. O efeito da proibição esteve, então, em recalcar o impulso — o prazer do contato — e bani-lo para o inconsciente. Tanto proibição quanto impulso se conservaram: o impulso, uma vez que agora apenas recalcado, não era anulado; a proibição, pois, com sua cessação, o impulso teria penetrado na consciência e se realizado. Tinha-se, assim, uma situação não resolvida, a criação de uma fixação psíquica, e, do duradouro conflito entre proibição e impulso, derivou-se, então, tudo o quanto se segue.

O principal traço característico da constelação psicológica desse modo fixada encontra-se no fato que o que se poderia chamar de conduta *ambivalente* do indivíduo para com um objeto é muito mais uma ação sobre ele.[45] O indivíduo, sempre e de novo, quer realizar essa ação — o contato —, mas também a detesta. A oposição entre essas duas correntes não pode ser compensada pelo caminho mais curto, já que elas — só nos resta dizê-lo assim — estão localizadas na vida psíquica de tal modo que não podem se encontrar. A proibição torna-se ruidosamente consciente, o contínuo prazer do contato é inconsciente, nada sabendo a pessoa sobre ele. Se esse fator psicológico não

---
43. Ambos, prazer e proibição, referem-se ao contato com os próprios genitais.
44. No vínculo com as pessoas amadas, que promulgaram a proibição.
45. Segundo uma feliz expressão de Bleuler.

existisse, uma ambivalência não poderia nem se manter por muito tempo nem conduzir a tais fenômenos consecutivos.

Na história clínica do caso, ressaltamos como sendo decisiva a intervenção da proibição em bem tenra idade, na infância; e, quanto à conformação posterior do caso, esse papel cabe ao mecanismo de recalque que atua nessa faixa etária. Em consequência do recalque que então ocorre, associado a um esquecimento — amnésia —, o motivo da proibição tornada consciente se mantém desconhecido, devendo fazer fracassar todas as tentativas de decompô-lo intelectualmente, uma vez que estas não encontram um ponto de ataque. A proibição deve sua intensidade — seu caráter obsessivo — precisamente à relação com sua contraparte inconsciente, o prazer não sufocado sendo mantido oculto, portanto, a uma necessidade interna que carece de toda compreensão consciente. A transmissibilidade e a capacidade de propagação da proibição refletem um processo que ocorre com o prazer inconsciente e que é especialmente facilitado sob as condições psicológicas do inconsciente. O prazer impulsional desloca-se a todo o tempo com o intuito de escapar do bloqueio em que se encontra e procura obter substitutos para o proibido — objetos e ações substitutivas. Por isso também a proibição migra e se expande para as novas metas da estimulação proscrita. A cada novo empuxo da libido recalcada, a proibição responde com um novo recrudescimento. A recíproca inibição de ambos os poderes em luta produz uma necessidade de descarga, de redução da tensão imperante, e nessa necessidade se pode reconhecer o motivo das ações obsessivas. Na neurose, essas últimas são claramente ações de compromisso: por um lado, se têm testemunhos de arrependimento, esforços de expiação, etc., mas, ao mesmo tempo, por outro lado, há ações substitutivas, que compensam o impulso para o proibido. Trata-se de uma lei do adoecimento neurótico que essas ações obsessivas entrem cada vez mais a serviço do impulso e cheguem sempre mais perto da ação originariamente proibida.

Façamos agora a tentativa de tratar o tabu como se ele fosse da mesma natureza de uma proibição obsessiva de nossos doentes. Com isso, de antemão, deixamos claro que muitas das proibições do tabu por nós observadas são secundárias, deslocadas e desfiguradas, e que devemos estar satisfeitos com lançar alguma luz às proibições mais originárias e significativas do tabu. Além disso, também deve estar claro que as diferenças entre a situação do selvagem e a do neurótico sejam suficientemente importantes para excluir uma correspondência completa, impedindo uma transferência de uma a outra a equivaler a uma cópia fiel.

Em primeiro lugar, diríamos, então, que não há sentido algum em perguntar aos selvagens sobre a real motivação de sua proibição, sobre a gênese do tabu. É que, segundo nosso pressuposto, eles seriam incapazes de comunicar algo a respeito, já que essa motivação lhes é "inconsciente". Porém, segundo o modelo das proibições obsessivas, construímos a história do tabu da seguinte forma: os tabus seriam proibições das mais antigas, impostas de fora a uma geração de homens primitivos, e isso então significa que, provavelmente, o tabu foi inculcado neles pela geração anterior de forma violenta. As proibições assim se mantiveram de geração em geração, provavelmente como mera consequência da tradição sustentada pela autoridade parental e social, mas é possível que já se encontrassem "organizadas" nas organizações posteriores como uma peça de patrimônio psíquico herdada. Para o caso que aqui consideramos, quem poderia decidir se existem as tais "ideias inatas" e se atuaram sozinhas ou conjugadas com a educação na fixação do tabu? Da conservação do tabu, no entanto, conclui-se que o prazer originário de cometer aquele ato proibido persiste também entre os povos que o adotam. Desse modo, esses povos têm em suas proibições do tabu uma *atitude ambivalente*; no inconsciente não há nada de que gostariam mais do que de transgredi-las, mas, ao mesmo tempo, as temem; e as temem precisamente porque gostariam de cometer o ato proibido, e o medo é mais intenso do que o prazer. Mas o prazer que se tem aí é inconsciente em cada indivíduo do povo, como o é entre os neuróticos.

As mais antigas e importantes das proibições do tabu são as duas leis fundamentais do *totemismo*: não matar o animal do tabu e evitar relações sexuais com membros do totem do sexo oposto.

Esses devem ter sido os mais antigos e intensos apetites do homem. Isso é algo que não poderemos compreender, e, consequentemente, tampouco podemos pôr à prova nossa premissa nesses exemplos enquanto nos forem completamente desconhecidos o sentido e a origem do sistema totêmico. Porém, por força do teor desses dois tabus e por estarem conjugados, quem conhece os resultados da pesquisa psicanalítica do indivíduo recordará algo bastante determinado, que os psicanalistas declaram ser o ponto nodal da vida desejante infantil, e, assim sendo, o cerne da neurose.[46]

A diversidade dos fenômenos do tabu, que levou às tentativas de classificação que acima compartilhamos, funde-se para nós numa unidade: o fundamento do tabu é um ato proibido, para o qual se tem uma forte inclinação no inconsciente.

Sabemos, sem o compreender, que quem faz o proibido, transgredindo o tabu, torna-se, ele próprio, tabu. Mas como articular esse fato com aquele outro, o de que o tabu adere não apenas a pessoas que cometeram o proibido, mas também a pessoas que se encontram em estados especiais, a esses próprios estados e a coisas impessoais? Que espécie de qualidade perigosa será essa que sempre se mantém a mesma sob todas essas diferentes condições? Somente esta: a aptidão a instigar a ambivalência do homem, conduzindo-o à *tentação* de transgredir a proibição.

O homem que transgrediu um tabu torna-se, ele próprio, tabu, já que detém a perigosa atitude de tentar outros para que sigam o seu exemplo. Ele desperta inveja; por que deveria lhe ser permitido o que a outros é proibido? Ele realmente é *contagioso*, na medida em que todo exemplo incita imitação, por isso devendo, ele próprio, ser evitado.

Mas um homem não precisa ter transgredido nenhum tabu e pode, permanente ou temporariamente, ser tabu, pois se encontra num estado capaz de provocar apetites proibidos em outros, para

---

46. Comparar com meu estudo sobre o totemismo, anunciado já várias vezes nestes ensaios (o quarto ensaio deste livro).

neles despertar o conflito de ambivalência. A maior parte das posições e dos estados excepcionais é desse tipo e é provida dessa perigosa força. Com seus privilégios, o rei ou o chefe despertam inveja; talvez todos quisessem ser reis. O morto, o recém-nascido e a mulher em seus estados de sofrimento estimulam em razão de seu especial desamparo, enquanto o indivíduo tornado maduro para o sexo o faz pelo novo gozo que ele promete. Por isso, todas essas pessoas e todos esses estados são tabu, já que não é permitido ceder à tentação.

Agora também compreendemos por que as forças do mana de diferentes pessoas subtraem-se uma à outra, podendo parcialmente se cancelar. O tabu de um rei é de tal maneira intenso para seus súditos por ser grande demais a diferença social entre eles. Mas um ministro, por exemplo, pode lhes servir de intermediário inofensivo. Traduzindo-o da linguagem do tabu para a da psicologia normal, isso significa: o súdito, a quem causa horror a enorme tentação que lhe inflige o contato com o rei, pode, por exemplo, tolerar o trato com o funcionário a quem não precisa invejar tanto, e a posição deste talvez lhe pareça até mesmo alcançável. Mas o ministro pode amortecer sua inveja do rei ao considerar o poder que a ele mesmo foi concedido. Assim, diferenças menores na força mágica que leva à tentação são de se temer menos do que as grandes.

Igualmente claro se faz o modo como a transgressão de certas proibições do tabu significa um perigo social que deve ser punido ou expiado por todos os membros da sociedade, se não quiserem ser todos penalizados. Esse perigo existe efetivamente se substituirmos as moções conscientes pelos apetites inconscientes. Ele consiste na possibilidade de imitação, por cuja consequência a sociedade logo se dissolveria. Se os outros não castigassem a transgressão, necessariamente haveriam de perceber que querem fazer o mesmo que o malfeitor.

Não há de nos admirar que na proibição do tabu o contato desempenhe papel semelhante ao do *délire de toucher*, ainda que o sentido secreto da proibição no tabu não possa ser tão especializado quanto o é na neurose. O contato é o início de toda a apropriação, de todo intento de se servir de uma pessoa ou coisa.

Traduzimos a força contagiosa inerente ao tabu por sua aptidão em induzir à tentação, em estimular a imitação. Que a capacidade de contágio do tabu manifeste-se, sobretudo, na transferência a objetos, que assim se tornam, eles próprios, portadores do tabu, é algo que não parece se harmonizar com isso.

Essa transmissibilidade do tabu reflete a tendência do impulso inconsciente, comprovada no caso da neurose, a deslocar-se por vias associativas a sempre novos objetos. Isso nos faz atentar para o fato de que, à perigosa força mágica do "*mana*", correspondem duas capacidades mais reais, quais sejam, a aptidão do homem de se lembrar de seus desejos proibidos, e outra, aparentemente mais significativa, de conduzi-lo à transgressão do proibido a serviço desses desejos. Ocorre que essas duas operações tornam a se conjugar numa única se supusermos que, numa vida psíquica primitiva, o despertar da lembrança do ato proibido estaria igualmente associado ao despertar da tendência a realizá-lo. Assim sendo, lembrança e tentação tornam a coincidir. É preciso admitir, também, que, se o exemplo de um homem que transgrediu uma proibição seduz outro a cometer o mesmo ato, com isso a desobediência à proibição dissemina-se ao modo de um contágio, como o tabu se transfere de uma pessoa a um objeto e deste a outro.

Se a transgressão de um tabu pode ser compensada por uma expiação ou penitência, que por certo significam uma *renúncia* a algum bem ou a uma liberdade, com isso se tem a prova de que a própria observância à prescrição do tabu seria uma renúncia a algo que de bom grado se tinha desejado. A omissão de uma dessas renúncias é sucedida por uma renúncia em outro lugar. No que diz respeito ao cerimonial do tabu, extrairíamos daí a conclusão de que a penitência é algo mais original do que a purificação.

Resumamos agora qual entendimento do tabu resulta da equiparação com a proibição obsessiva do neurótico: o tabu é uma proibição antiquíssima, imposta de fora (de uma autoridade) e contra os mais intensos apetites do ser humano. O prazer em transgredi-lo persiste no inconsciente; os homens que obedecem ao tabu têm uma atitude ambivalente em relação ao que é afetado pelo tabu. A força mágica atribuída ao tabu reporta-se à capacidade de conduzir os homens à tentação; ela se comporta como um contágio, já que o exemplo é contagioso e já que o apetite proibido no inconsciente se desloca para outra coisa. O fato de que a transgressão do tabu se expia por meio de uma renúncia comprova que, na base da observância do tabu, encontra-se uma renúncia.

3

Agora queremos saber que valor podem pretender nossa equiparação entre o tabu e a neurose obsessiva e a concepção do tabu que tenha como base essa comparação. Evidentemente que tal valor existe apenas quando nossa concepção oferece uma vantagem, qual seja, a de permitir uma melhor compreensão do tabu, o que, de outro modo, não seria possível. Talvez estejamos inclinados a afirmar que acima já produzimos a comprovação dessa utilidade; mas devemos tentar reforçá-la, prosseguindo à explicação em detalhes das proibições e dos usos do tabu.

Mas agora abre-se para nós também uma outra via. Podemos investigar se nos fenômenos do tabu não seria diretamente demonstrável parte das hipóteses que da neurose transferimos ao tabu ou das consequências a que assim chegamos. Teríamos, então, de decidir o que queremos buscar. A proposição sobre a gênese do tabu deriva de uma antiquíssima proibição, que um dia foi imposta de fora e que desse modo naturalmente escapa à comprovação. Com isso intentaremos antes confirmar as condições psicológicas para o tabu, das quais ficamos sabendo na neurose obsessiva. Como chegamos ao conhecimento desses fatores psicológicos na neurose? Por meio do estudo analítico dos sintomas, sobretudo das ações obsessivas, das medidas de defesa e dos mandamentos obsessivos. Neles encontramos os melhores indícios de que descendem de moções ou tendências *ambivalentes*, quer elas correspondam de maneira simultânea ao desejo ou ao contradesejo, quer estejam predominantemente a serviço de uma das duas tendências contrapostas. Se agora também conseguíssemos mostrar nos preceitos do tabu a ambivalência, o domínio de tendências contrapostas, ou entre elas encontrar algumas que, segundo o tipo de ações obsessivas, dessem expressão simultânea a ambas as correntes, com isso, a correlação psicológica entre o tabu e a neurose obsessiva seria assegurada em quase todos os pontos mais importantes.

As duas proibições fundamentais do tabu são, como há pouco mencionamos, inacessíveis à nossa análise em virtude de seu pertencimento ao totemismo; outra porção dos estatutos do tabu é de origem secundária e não pode ser empregada para nosso propósito. Entre os povos em questão, o tabu é, vale dizer, a modalidade mais geral de legislação e surge a serviço de tendências sociais por certo mais recentes que o próprio tabu, como, por exemplo, o tabu imposto por chefes e sacerdotes para garantir a propriedade e os privilégios. No entanto, resta-nos um imenso grupo de preceitos passíveis de serem submetidos à nossa investigação; destaco, entre eles, os tabus associados a) aos *inimigos*, b) aos *chefes*, c) aos *mortos*, e extraio o material a ser tratado da primorosa seleção realizada por J. G. Frazer em sua grande obra *The Golden Bough* (1911).[47]

a) O tratamento dos inimigos

Se estávamos inclinados a atribuir aos povos selvagens e semisselvagens uma crueldade contra seus inimigos desprovida de inibições e de arrependimentos, com grande interesse receberemos a notícia de que, entre eles, da mesma forma o assassinato de um homem deve se sujeitar a uma série de preceitos subordinados aos usos do tabu. Esses preceitos deixam-se reunir com facilidade em quatro grupos; eles demandam 1. apaziguamento do inimigo assassinado, 2. restrições para o matador e 3. ações expiatórias, purificações deste último e 4. certos procedimentos cerimoniais. O caráter incompleto de nossas informações, por um lado, não permite decidir com certeza se tais práticas do tabu entre os povos em questão são universais ou isoladas;

---

47. Terceira edição, parte II, "Taboo...".

por outro, tais incidências são indiferentes para o nosso interesse. Seja como for, pode-se supor que não se trata de peculiaridades isoladas, mas, sim, de usos amplamente disseminados.

As práticas de *apaziguamento* na Ilha de Timor, depois do retorno de uma vitoriosa expedição de guerra com as cabeças cortadas dos inimigos vencidos, revestem-se de especial significado, porque, além de tudo o mais, o chefe da expedição é afetado por severas restrições (*ver abaixo*).

> Por ocasião da entrada solene dos triunfadores, são oferecidos sacrifícios para apaziguar as almas dos inimigos; assim não fosse, a desgraça se abateria sobre os vencedores. É realizada uma dança, e com ela se entoa uma canção em que se lamenta o inimigo abatido e se roga o seu perdão: "Não te irais conosco por termos aqui tua cabeça; se a sorte não nos tivesse favorecido, quem sabe nossas cabeças estivessem agora a pender em tua aldeia. A ti oferecemos um sacrifício, para amansar-te. Agora o teu espírito pode se dar por satisfeito e nos deixar em paz. Por que foste nosso inimigo? Não teria sido melhor que fôssemos amigos? Teu sangue então não teria sido derramado, e tua cabeça não teria sido cortada".[48]

Algo semelhante se encontra entre os *palus*, nas ilhas Célebes; e os *gallas*, antes de regressarem à sua aldeia natal, oferecem os espíritos a seus inimigos abatidos (segundo Paulitschke, *Ethnographie Nordost-Afrikas* [Etnografia do nordeste da África]).

Outros povos encontraram um meio para converter inimigos, após os terem matado, em amigos, guardiães e protetores. Esse meio consiste em tratar com ternura as cabeças cortadas, como se vangloriam por fazê-lo muitas tribos selvagens de Bornéu. Quando os *dayaks* do mar, de Sarawak, trazem uma cabeça para casa após uma expedição de guerra, durante meses dispensam a ela a mais rebuscada dignidade amorosa e tratam-na pelos nomes mais ternos disponíveis

---

48. Frazer, "Taboo", p. 166. In: Frazer, 1911.

em sua língua. Os melhores bocados de sua refeição são introduzidos em sua boca, bem como guloseimas e cigarros. Repetidamente lhe rogam que odeie a seus anteriores inimigos e que conceda seu amor a seus novos anfitriões, já que agora é um deles. Estaria muito equivocado quem atribuísse boa dose de escárnio a esse tratamento, que a nós parece repulsivo.[49]

Em várias das tribos selvagens da América do Norte, chamou a atenção dos observadores o luto pelo inimigo abatido e escalpelado. Se um *choctaw* tivesse assassinado um inimigo, iniciava-se para ele um luto de meses, durante os quais ele se submetia a severas restrições. Da mesma forma exercem o luto os índios dacotas. Uma fonte observa que, depois de chorarem pelos seus próprios mortos, os *osages* choram pelo inimigo como se este fosse amigo.[50]

Mas, antes de entrarmos nas outras classes de práticas do tabu para o tratamento dos inimigos, temos de assumir uma posição contra uma objeção que parece natural. Com Frazer e outros haverá quem se contraponha a nós, dizendo que a motivação para esses preceitos de apaziguamento é bastante simples e nada tem a ver com uma "ambivalência". Esses povos são dominados pelo medo supersticioso dos espíritos dos assassinados, um medo que também à Antiguidade Clássica não era estranho, tendo sido trazido aos palcos pelo grande dramaturgo britânico nas alucinações de Macbeth e Ricardo III. Desses preceitos de apaziguamento deduzem-se logicamente todas as superstições, bem como as restrições e expiações de que logo falaremos; em favor dessa concepção falam, ainda, as cerimônias reunidas no quarto grupo, que não admitem nenhuma outra interpretação a não ser os esforços para afugentar o espírito do assassinado que persegue o seu matador.[51] Como se não bastasse, os selvagens francamente confessam o seu medo ante o espírito de seus

---

49. Hugh Low, *Sarawaw*. Londres, 1848, citado por Frazer, *Adonis, Attis, Osiris*, 1907, p. 248.
50. James Owen Dorsay, citado por Frazer, "Taboo", p. 181. In: Frazer, 1911.
51. Frazer, "Taboo", p. 169-174. In: Frazer, 1911. Essas cerimônias consistem em golpes com escudos, gritos, bramidos e produção de ruído com auxílio de instrumentos, etc.

inimigos mortos e eles próprios atribuem a esse medo às mencionadas práticas do tabu.

Essa objeção é de fato evidente, e se, além disso, ela fosse suficiente, poderíamos bem nos poupar do esforço de nossa tentativa de explicação. Deixemos para mais tarde ocuparmo-nos com ela, opondo-lhe, por ora, somente a concepção derivada das premissas das discussões anteriores sobre o tabu. De todos esses preceitos, concluímos que, no comportamento contra os inimigos, expressam-se, do mesmo modo, outras moções além das meramente hostis. Em suas exteriorizações, visualizamos o arrependimento, o apreço pelo inimigo, a má consciência por ter dado cabo de sua vida. Quer nos parecer que também entre esses selvagens encontrava-se vivo o mandamento "não matarás", que, muito antes de toda legislação recebida das mãos de um deus, não pode ser violado sem punição.

Voltemo-nos agora para as outras classes de preceitos do tabu. As *restrições* impostas ao matador vitorioso são altamente frequentes e, o mais das vezes, bastante sérias. Em Timor (*ver as práticas de apaziguamento, acima*), o chefe da expedição não pode simplesmente voltar para casa. Para ele é construída uma cabana especial, onde passa dois meses observando diferentes preceitos de purificação. Nesse período, não lhe é permitido ver sua mulher, tampouco se alimentar por si mesmo, outra pessoa tendo de lhe dar a comida na boca.[52] Em algumas tribos *dayaks*, os que retornam de uma vitoriosa expedição de guerra precisam permanecer alguns dias isolados e abster-se de certos alimentos; não podem nem mesmo tocar em comida alguma e devem se manter longe de suas mulheres. Em Logea, ilha próxima à Nova Guiné, os homens que mataram inimigos ou tomaram parte desse ato são obrigados a se enclausurar em suas casas por uma semana. Devem evitar todo trato com suas mulheres e com seus amigos, não podem tocar alimentos com as

---

52. Salomon Müller, *Reizen en Onderzoekingen in Indischen Archipel* [Viagens e pesquisas nas ilhas do Oceano Índico]. Amsterdã, 1857, citado por Frazer, "Taboo", p. 166. In: Frazer, 1911.

mãos e se alimentam somente de vegetais cozidos para eles em recipientes especiais. Como fundamento para esta última restrição, especifica-se que eles não podem sentir o cheiro do sangue dos mortos; do contrário, ficariam doentes e morreriam. Na tribo *toaripi* ou *motumotu*, da Nova Guiné, um homem que tiver matado outro não pode se aproximar de sua mulher nem tocar alimento com os dedos. Uma alimentação especial lhe é ministrada por outras pessoas. Isso perdura até a próxima lua nova.

Abstenho-me de fazer a enumeração completa dos casos, comunicados por Frazer, de restrições impostas ao matador vitorioso, apenas destaco, ainda, alguns exemplos nos quais o caráter do tabu é especialmente notável ou nos quais a restrição é associada a expiações, purificação e cerimonial.

Entre os *monumbos* da Nova Guiné alemã, todo aquele que tiver matado em combate um inimigo torna-se "impuro", e a palavra empregada para isso é a mesma que se usa para as mulheres durante a menstruação ou no puerpério. Por um longo tempo ele não pode deixar a casa-clube dos homens, e, nesse período, os outros habitantes de sua aldeia devem se reunir em torno dele e festejar seu triunfo com cânticos e danças. Ele não pode tocar em ninguém, nem mesmo em sua própria mulher, nem em seus filhos; se o fizer, será acometido de pústulas. Então precisa ser purificado por abluções e outras ações cerimoniais.

Entre os *natchez* da América do Norte, jovens guerreiros que haviam conquistado o seu primeiro escalpo eram forçados a observar certas abstinências durante seis meses. Não lhes era permitido dormir com suas mulheres nem comer carne; a alimentação que recebiam consistia em peixe e pudim de milho. Se um *choctaw* tivesse matado e escalpelado um inimigo, iniciava-se para ele um período de luto de um mês, durante o qual ele não podia cortar o cabelo. Se tivesse coceira na cabeça, não podia coçar com a mão; para isso, servia-se de um pauzinho.

Se um indígena pima matasse um apache, era obrigado a se submeter a severas cerimônias de purificação e expiação. Durante o período de jejum de dezesseis dias, não podia tocar em carne nem em sal, não podia olhar para o fogo ardendo nem falar com ninguém. Vivia sozinho pelos bosques, servido por uma mulher idosa que lhe trazia parca alimentação, se banhava no rio próximo com frequência e trazia na cabeça — como sinal de luto — um montinho de barro. No décimo sétimo dia, realizava-se, então, a cerimônia pública da purificação ritual do homem e de suas armas. Uma vez que os pimas levavam o tabu do matador muito mais a sério do que seus inimigos — e, diferentemente destes, não era seu costume adiar as expiações e a purificação para após o término da campanha —, sua habilidade bélica sofreu bastante com seu rigor moral ou com sua piedade, como se queira dizer. Apesar de sua extraordinária valentia, revelaram-se aliados insatisfatórios para os americanos em suas lutas contra os apaches.

Por mais interessantes que as peculiaridades e as variações das cerimônias de expiação e purificação após o assassinato de um inimigo possam ser para uma abordagem mais profunda, interrompo aqui a sua enumeração, já que elas não contêm mais nenhum ponto de vista novo. Talvez seja possível acrescentar, ainda, que o isolamento temporário ou permanente do carrasco profissional, mantido até em nossos novos tempos, seja próprio desse contexto. A posição do "verdugo" na sociedade medieval, de fato, proporciona uma boa ideia do "tabu" dos selvagens.[53]

Na explicação viável de todos esses preceitos de apaziguamento, de restrição, de expiações e purificação, temos a combinação de dois princípios: a extensão do tabu do morto a tudo o que entrou em contato com ele e o medo do espírito do assassinado. Não é dito, e realmente não é fácil especificar, de que modo esses dois fatores se combinam entre si para esclarecer o cerimonial, se devem ser considerados como de igual valor, se um é primário, e o outro, secundário e, assim sendo, qual deles seria primário ou secundário. Se isso se tem

---

53. Sobre esses exemplos, ver Frazer, "Manslayers tabboed" [Tabus dos homicidas]. In: Frazer, "Taboo", 1911, p. 165-190.

por um lado, por outro, nós enfatizamos a uniformidade de nossa concepção quando derivamos todos esses preceitos da ambivalência das moções de sentimento em relação ao inimigo.

b) O tabu dos soberanos

O comportamento dos povos primitivos em relação a seus chefes, reis e sacerdotes é regido por dois princípios que mais parecem se complementar um ao outro do que se contradizer. É preciso deles se resguardar, como é preciso resguardá-los.[54] Um e outro caso se dá mediante uma infinidade de preceitos do tabu. O porquê de ser preciso se resguardar dos soberanos já é por nós conhecido: porque eles são os portadores daquela força mágica secreta e perigosa que se comunica como uma carga elétrica mediante o contato, matando e arruinando quem não esteja protegido por carga semelhante. Portanto, evita-se todo contato mediado ou imediato com a sacralidade perigosa, e, onde tal contato não puder ser evitado, encontra-se um cerimonial para evitar as consequências temidas. Os nubas da África Oriental, por exemplo, acreditam que terão de morrer se adentrarem a casa de seu rei-sacerdote, mas escapam desse perigo se, ao fazê-lo, desnudam o ombro esquerdo e induzem o rei a tocá-lo com sua mão. Assim, chegamos à curiosa situação em que o toque do rei se torna meio de cura e proteção para os perigos advindos do toque do rei, mas trata-se com isso, provavelmente, da força curativa do toque intencional, exercido pelo rei, em oposição ao perigo de tocá-lo: trata-se da oposição entre passividade e atividade diante do rei.

Em se tratando do efeito curativo do toque real, não é preciso ir até os selvagens para buscar exemplos. Em tempos não tão remotos, os reis da Inglaterra exerceram essa força junto aos pacientes de escrofulose, doença que, por isso, recebeu o nome de *The King's Evil* [o mal do rei]. A rainha Elisabete exerceu essa parcela de suas

---

54. Idem, "Taboo", p. 132. In: Frazer, 1911. "*He must not only be guarded, he must also be guarded against*" [É preciso que não apenas ele seja resguardado, mas é preciso também resguardar-se contra ele].

prerrogativas reais não menos do que qualquer um de seus sucessores. De Carlos I se diz que, em 1633, teria curado centenas de doentes de uma só vez. Sob o reinado de seu indisciplinado filho, Carlos II, e passada a grande revolução inglesa, as curas reais de escrofulosos celebraram seu período de maior esplendor.

No decorrer de seu reinado, esse rei deve ter tocado em centenas de milhares de escrofulosos. Nessas ocasiões, o rebuliço dos que buscavam a cura deve ter sido enorme; certa vez, seis ou sete deles, em vez da cura, encontraram a morte por esmagamento. Guilherme III de Orange, o rei cético que ascendeu ao trono da Inglaterra após a deposição dos Stuarts, resistiu à magia; na única vez em que se dignou a tal toque, fê-lo com as seguintes palavras: "Deus vos dê melhor saúde e mais entendimento".[55]

O relato a seguir pode dar conta do terrível efeito do contato *ativo*, ainda que não intencional, com o rei ou com aquilo que lhe pertence. Em uma ocasião, na Nova Zelândia, um chefe de elevada extração e grande sacralidade deixou os restos do que comera pelo caminho. Atrás dele vinha um escravo, um sujeito jovem, vigoroso e faminto, que viu o que fora abandonado e se prontificou a comê-lo. Mal havia terminado quando um espectador, horrorizado, acusou-lhe de profanar a refeição do chefe. Era um guerreiro forte e corajoso, mas, tão logo percebeu o que fizera, entrou em colapso, foi acometido por aterradoras convulsões e morreu ao pôr do sol do dia seguinte.[56] Uma mulher maori ficou sabendo que tinha comido certos frutos provenientes de um local sobre o qual pesava um tabu. Ela exclamou que o espírito do chefe, a quem ela assim afrontara, certamente a mataria. Isso aconteceu à tarde, e, no dia seguinte, ao meio-dia, ela estava morta.[57] Em outro caso, a pedra de

---

55. Idem, "The Magic Art and the Evolution of Kings" [A arte mágica e a evolução dos reis], I, p. 368. In: Frazer, 1911.
56. *Old New Zealand by a Pakeha Maori* [Velha Nova Zelândia por um Pakeha Maori]. Londres, 1884, citado por Frazer, "Taboo", p. 135. In: Frazer, 1911.
57. William Brown, *New Zealand and ist Aborigines* [Nova Zelândia e seus aborígenes]. Londres, 1845, citado por Frazer, "Taboo". In: Frazer, 1911.

fogo de um chefe maori foi o motivo para a morte de várias pessoas. O chefe a perdera, outros a encontraram e dela se serviram para acender seus cachimbos. Quando souberam de quem era a pedra, morreram de pavor.[58]

Não é de admirar que se sentisse a necessidade de separar dos demais aquelas pessoas tão perigosas como chefes e sacerdotes, construindo em torno delas um muro que as tornasse inacessíveis às outras. Pode começar a fazer sentido para nós que esse muro, originalmente disposto com base em preceitos do tabu, exista ainda hoje como cerimonial da corte.

Talvez não se possa atribuir a maior parte desse tabu dos soberanos à necessidade de proteger-se *deles*. O outro ponto de vista no tratamento que se dispensa a pessoas privilegiadas, que é a necessidade de elas próprias se protegerem dos perigos que as ameaçam, participou mais ostensivamente da criação do tabu, e, com isso, da gênese da etiqueta cortesã.

A necessidade de proteger o rei de todos os perigos imagináveis advém de sua enorme importância para a sorte de seus súditos. É, a rigor, a sua pessoa que regula o curso do mundo; seu povo deve a ele não apenas a chuva e o brilho do sol, que fazem medrar os frutos da terra, mas também o vento, que traz os navios para a costa, e o chão firme, em que eles põem os pés.[59]

Esses reis dos selvagens encontram-se dotados de uma plenitude de poder e de uma capacidade de fazer feliz que são próprias tão somente aos deuses e nas quais simulam crer, nos estágios posteriores da civilização, apenas os mais servis dentre os seus cortesãos.

Parece uma evidente contradição que pessoas providas de tamanha plenitude de poder necessitem do máximo cuidado para protegê-las de perigos que as ameacem, mas essa não é a única contradição a se manifestar no tratamento dispensado a pessoas reais pelos selvagens. Esses povos também têm por necessário vigiar seus reis, para

---

58. Frazer, "Taboo". In: Frazer, 1911.
59. Idem, "The Burden of Royalty" [O fardo da realeza]. In: Frazer, "Taboo", 1911, p. 7.

que estes empreguem suas forças no sentido correto; de modo algum estão seguros de suas boas intenções ou de seus escrúpulos. Um traço de desconfiança vem se mesclar à motivação dos preceitos do tabu relativos ao rei. "A ideia de que o reinado dos tempos primordiais seria um despotismo", diz Frazer,[60]

> (...) no qual o povo existia apenas para o seu soberano, de modo algum é aplicável a monarquias que temos hoje diante dos olhos. Nestas, ao contrário, o soberano vive tão somente para seus súditos; sua vida tem valor unicamente na medida em que ele cumpre com os deveres inerentes a sua posição, regulando o transcurso da natureza para o bem de seu povo. Tão logo descura de fazê-lo ou fracassa, a proteção, a devoção, a veneração religiosa de que até então ele era objeto em abundante medida convertem-se em ódio e desprezo. É ignominiosamente expulso e pode se dar por contente se escapar com vida. Se ainda hoje é venerado como a um deus, pode acontecer de amanhã ser abatido como um criminoso. Mas não temos direito algum de julgar como inconstante ou contraditória essa mudança de conduta de seu povo, mas, sim, o povo se mantém inteiramente consequente. Se o seu rei é seu deus, as pessoas pensam que ele tem também de provar ser seu benfeitor; e se ele não quiser protegê-las, deve dar lugar a outro que esteja disposto a ocupar seu lugar. Mas, enquanto corresponder a suas expectativas, os seus cuidados para com ele não conhecem limite algum, e o obrigam a se tratar com o mesmo cuidado. Um tal rei vive como que emparedado por trás de um sistema de cerimonial e etiqueta, envolvido numa rede de práticas e proibições cuja intenção de modo algum é a de elevar sua dignidade, menos ainda a de aumentar seu bem-estar, mas visa, única e exclusivamente, preveni-lo de dar passos que perturbem a harmonia da natureza, e que, assim, poderiam arruinar a ele próprio, ao mesmo tempo que a seu povo e ao universo inteiro. Muito longe de servir a seu prazer, esses preceitos se imiscuem a cada uma de

---

60. Ibidem, loc. cit.

suas ações, suspendem a sua liberdade e fazem de sua vida, que supostamente garantiriam, um fardo e um tormento.

Um dos exemplos mais flagrantes desse aprisionamento e dessa paralisação de um soberano sagrado mediante o cerimonial do tabu é obtido em séculos anteriores no modo de vida do micado do Japão. Uma descrição, hoje com cerca de dois séculos de idade,[61] narra o seguinte:

> (...) o micado crê não ser adequado para sua dignidade e sacralidade tocar o chão com os pés; por isso, quando deseja ir a qualquer lugar, tem de ser levado sobre os ombros de homens. Menos ainda poderá expor sua sagrada pessoa ao ar livre, e o sol não é digno da honra de brilhar sobre sua cabeça. A todas as partes de seu corpo é atribuída tão elevada sacralidade que não podem ser cortados seus cabelos e sua barba, nem aparadas suas unhas. Para que esses hábitos não o deixem muito desmazelado, é permitido lavá-lo à noite, enquanto dorme: dizem que o que se tira de seu corpo durante esse processo só pode ser visto como roubado, e tal roubo não causaria prejuízo algum à sua dignidade e sacralidade. Nos tempos ainda mais remotos, em todas as manhãs ele tinha de ficar durante algumas horas sentado ao trono com a coroa imperial na cabeça, mas devia se manter sentado como uma estátua, sem mover as mãos, os pés, a cabeça ou os olhos; só assim, pensava-se, ele poderia conservar a tranquilidade e a paz no reino. Se, por infelicidade, se movesse para um lado ou para o outro, ou se, por alguns instantes, lançasse o olhar a uma só parte de seu reino, irromperiam guerra, fome, incêndios, a peste ou alguma outra grande calamidade a devastar o país.

Alguns dos tabus a que estão submetidos os reis bárbaros fazem recordar vivamente as restrições impostas aos matadores. Em Shark

---

61. Engelbert Kämpfer, *History of Japan* [História do Japão], citado por Frazer, "The Burden...". In: Frazer, "Taboo", 1911, p. 3.

Point, perto de Cabo Padron, na Baixa Guiné (África Ocidental), um rei-sacerdote, Kukulu, vive sozinho em um bosque. Não lhe é permitido tocar em mulher alguma, assim como não pode deixar sua casa nem sequer se levantar de sua cadeira, na qual tem de dormir sentado. Os ventos cessariam e as navegações seriam prejudicadas se ele apenas recostasse. Sua função é manter os temporais dentro de limites e, de modo geral, zelar por um estado da atmosfera que seja uniformemente saudável.[62] Quanto mais poderoso um rei de Loango é, diz Adolf Bastian, mais tabus ele terá de observar. Também o sucessor do trono é atado por tabus desde a infância, mas estes vão se acumulando em torno dele enquanto ele cresce; no momento de sua subida ao trono, vão asfixiá-lo.

Nosso espaço não nos permite e nosso interesse não exige que continuemos a abordar a descrição dos tabus aderentes à dignidade do rei ou do sacerdote. Mencionemos ainda que as restrições ao livre movimento e à dieta desempenham entre eles o papel mais importante. Mas o quão conservador é o efeito exercido pelas antigas práticas de conexão com essas pessoas privilegiadas é algo que pode ser ressaltado por dois exemplos de cerimonial do tabu que foram extraídos de povos civilizados, portanto, de estágios culturais muito mais elevados.

O Flamen Dialis, sumo sacerdote de Júpiter na Roma Antiga, tinha de observar uma quantidade extraordinariamente grande de mandamentos do tabu. Não podia montar a cavalo, nem ver cavalos ou homens armados, nem usar anel que não estivesse quebrado, tampouco trazer nós em suas vestes. Não podia tocar em farinha de trigo, nem em massa fermentada, nem sequer lhe era permitido usar as palavras correspondentes para nomear a cabra, o cão, a carne crua ou os feijões e as heras. Outra pessoa que não fosse homem livre e não se utilizasse de uma faca de bronze estava proibida de lhe cortar os cabelos; os restos destes e de suas unhas eram enterrados sob uma

---

62. Adolf Bastian, *Die deutsche Expedition an der Loango-Küste* [A expedição alemã à costa de Loango]. Jena, 1874, citado por Frazer, "The Burden". In: Frazer, "Taboo", 1911, p. 5.

árvore que trouxesse sorte. Ele não tinha autorização para tocar os mortos, nem para ficar sob o céu aberto com a cabeça desprotegida, etc. Sua mulher, a flamínica, enfrentava, ademais, as suas próprias limitações: não podia subir mais de três degraus numa espécie de escada; em determinados dias festivos, não lhe era permitido pentear os cabelos; o couro de seus sapatos devia provir somente de animais abatidos ou sacrificados, nunca de um animal que houvesse morrido de morte natural; quando ela ouvia um trovão, precisava purificar-se por meio de um sacrifício de expiação.[63]

Os antigos reis da Irlanda estavam submetidos a uma série de restrições altamente peculiares, de cuja observância esperavam-se para o país todas as bênçãos, e de sua transgressão, todas as desgraças. O catálogo completo desses tabus consta no *Book of Rights* [Livro de direitos], cujos exemplares mais antigos trazem as datas de 1390 e 1418. As proibições são extremamente detalhadas e dizem respeito a certas atividades em períodos e lugares particulares: por exemplo, ao rei não é permitido permanecer em determinada cidade em um dia da semana já estipulado, ou atravessar um rio específico em um horário preestabelecido, ou acampar nove dias completos em certa planície, ou coisas afins.[64]

Entre muitos povos selvagens, o rigor das restrições do tabu para os reis-sacerdotes teve uma consequência que é historicamente significativa e especialmente interessante para o nosso ponto de vista. A dignidade de rei-sacerdote deixou de ser algo desejável; aquele que estivesse na iminência de assumi-la empregava todos os recursos para eximir-se dela. É desse modo que, no Camboja, onde há um rei do fogo e um rei da água, com frequência se faz necessário coagir o sucessor de modo violento para que este aceite o cargo. Em Niue, ou Ilha Selvagem, uma ilha de coral no Oceano Pacífico, a monarquia de fato chegou ao fim porque não mais se encontrou ninguém disposto a assumir a responsável e perigosa

---

63. Frazer, "The Burden". In: Frazer, "Taboo", 1911, p. 13.
64. Ibidem, p. 11.

função. Em muitas partes da África Ocidental, após a morte do rei celebra-se um concílio secreto para definir o sucessor. O eleito é capturado, amarrado e mantido sob custódia na casa dos fetiches até que se declare disposto a aceitar a coroa. Ocasionalmente, o presumido sucessor do trono encontra meios e caminhos para se esquivar da honra que pensam conferir-lhe; assim, conta-se a história de um chefe que costumava andar armado noite e dia para resistir à força a toda tentativa de elevá-lo ao trono.[65] Entre os negros de Serra Leoa, tão grande era a relutância em aceitar a dignidade real que, na maioria das tribos, havia a necessidade de fazer de estrangeiros seus reis.

Frazer atribui a essas circunstâncias o fato de que, no desenvolvimento da história, por fim se consumou uma divisão da monarquia sacerdotal que se tinha na origem, em um poder espiritual e um poder secular. Os reis oprimidos pelo fardo de sua sacralidade tornaram-se incapazes de exercer seu domínio nas coisas efetivas e viram-se obrigados a legar esse exercício a pessoas inferiores, porém práticas, que estavam dispostas a renunciar às honras da dignidade real. Com essas pessoas surgiram, então, os soberanos seculares, enquanto a supremacia espiritual, agora já desprovida de sentido prático, ficava para os antigos reis-tabu. É sabido até que ponto essa colocação é corroborada na história antiga do Japão.

Se agora lançarmos uma visão de conjunto à imagem das relações dos homens primitivos com seus soberanos, em nós surgirá a expectativa de que não será difícil avançar de sua descrição à sua compreensão psicanalítica. Essas relações são de natureza complexa e não isentas de contradições. Aos soberanos se concedem grandes regalias, que coincidem exatamente com as proibições do tabu que se aplicam aos demais. Esses soberanos são pessoas privilegiadas; a eles são permitidas ações ou desfrutes interditados a outras pessoas pelo tabu. Mas, em oposição a essa liberdade, eles são limitados por outros tabus, que não oprimem os indivíduos comuns. Aqui se tem,

---

65. Bastian, op. cit., citado por Frazer, "The Burden". In: Frazer, "Taboo", 1911, p. 18.

portanto, uma primeira oposição, quase uma contradição, entre um adicional de liberdade e um adicional de limitação para essas mesmas pessoas. A elas se atribui uma força mágica extraordinária, e, por isso, se teme o contato com sua pessoa ou com sua propriedade, enquanto, por outro lado, espera-se desse contato o mais benéfico dos efeitos. Essa parece ser uma segunda contradição, e especialmente gritante; ocorre que já ficamos sabendo ser ela apenas aparente. Curativo e protetor é o contato que parte do próprio rei de maneira magnânima; perigoso é tão somente o contato exercido pelo homem comum com o rei e com as coisas reais, provavelmente porque tal contato pode exortar tendências agressivas. Outra contradição, não tão fácil de resolver, manifesta-se no fato de que as pessoas atribuem ao soberano imenso poder sobre os processos da natureza, e, no entanto, se tomam por obrigadas a protegê-lo com especial esmero contra perigos que o ameaçam, como se o seu próprio poder, que tanto pode, não fosse capaz disso. Um agravante adicional a essa circunstância produz-se quando não se confia que o soberano usará seu enorme poder da maneira correta em benefício de seus súditos, bem como para a sua própria proteção; desconfia-se dele, e, por isso, se tem por justificado vigiá-lo. A etiqueta do tabu, à qual se encontra submetida a vida do rei, serve, ao mesmo tempo, a todos esses propósitos de tutela do rei, de sua proteção contra os perigos e da proteção dos súditos contra os perigos que ele lhes traz.

Parece evidente oferecer a seguinte explicação para a complicada e contraditória relação dos primitivos com seus soberanos: por motivos supersticiosos e de outro caráter, no tratamento dos reis vêm se expressar múltiplas tendências, cada uma das quais se desenvolve ao extremo sem nenhuma consideração pelas outras. Daí surgem, então, as contradições, que, aliás, tão pouco escandalizam o intelecto dos selvagens quanto o dos altamente civilizados quando estão em jogo apenas a "religião" ou a "lealdade".

A explicação estaria boa até aqui, mas a técnica psicanalítica permite penetrar o contexto mais a fundo e expressar com mais detalhes a natureza dessas múltiplas tendências. Se submetermos à análise o descrito estado de coisas, como se ele se encontrasse no quadro sintomático de uma neurose, como primeiro ponto de partida teremos a desmesura do cuidado angustiado, apresentado como fundamentação do cerimonial do tabu. A ocorrência de tal exagerada ternura é muito comum na neurose, e em especial na neurose obsessiva, que empregamos como principal termo de comparação. Sua origem tornou-se para nós bastante compreensível. Ela surge em toda a parte onde, além da ternura dominante, existe uma corrente contrária, mas inconsciente, que é a de hostilidade, ou seja, quando se realiza o caso típico de disposição ambivalente de sentimentos. Então, essa hostilidade é encoberta por um excessivo aumento de ternura, que se exterioriza como medo e se torna obsessivo, já que, de outro modo, não poderia cumprir sua tarefa de manter recalcada a contracorrente inconsciente. Todo psicanalista sabe por experiência com que segurança a excessiva ternura angustiada admite essa solução, mesmo nas circunstâncias mais improváveis, por exemplo, entre mãe e filho ou entre cônjuges carinhosos. Aplicada ao trato dispensado a pessoas privilegiadas, como resultante se teria a compreensão de que à sua veneração, e mesmo ao seu endeusamento, se contraporia no inconsciente uma intensa corrente hostil, e de que, portanto, aqui, como esperávamos, concretiza-se a situação de disposição ambivalente de sentimento. A desconfiança, que parece uma contribuição inquestionável à motivação do tabu do rei, seria outra manifestação, mais direta, dessa mesma hostilidade inconsciente. E sim — como consequência da diversidade de desfechos finais para um tal conflito em diferentes povos —, não nos faltariam exemplos com os quais a comprovação de tal hostilidade nos ficaria ainda mais fácil. Os selvagens *timmes* de Serra Leoa, como ficamos sabendo por Frazer,[66] reservam-se o direito de, na noite anterior à coroação de seu soberano, submetê-lo a espancamento. E com tamanha radicalidade se servem dessa

---

66. Josuah Zweifel e M. Moustier, *Voyage aux sources du Niger* [Viagens às fontes do Níger], 1880, citado por Frazer, "The Burden". In: Frazer, "Taboo", 1911, p. 18.

prerrogativa constitucional que o infeliz, vez por outra, não sobrevive muito tempo à sua elevação ao trono; por isso, os poderosos do povo firmaram a regra de eleger como rei determinado homem de quem tenham rancor. Ainda assim, também nesses gritantes casos a hostilidade não é confessada como tal, mas se comporta como cerimonial.

Outro aspecto da conduta dos primitivos para com o seu soberano faz lembrar um processo que, universalmente difundido na neurose, manifesta-se de maneira aberta no chamado delírio de perseguição. Aqui se exalta sobremaneira a importância de determinada pessoa, intensifica-se até o inverossímil a plenitude de seu poder, e isso para que seja tanto mais fácil imputar-lhe responsabilidade por todas as adversidades que acometem o paciente. Na verdade, os selvagens não procedem de outro modo com seus reis quando lhes atribuem o poder sobre a chuva e sobre o brilho do sol, sobre o vento e sobre o clima, e então os depõem ou os matam, caso a natureza frustre as suas expectativas de uma boa caça ou de uma colheita abundante. O modelo reproduzido pelo paranoico no delírio de perseguição encontra-se na relação da criança com seu pai. Na imaginação do filho, via de regra, ao pai é atribuída uma plenitude de poderes da mesma índole, e revela-se que a desconfiança em relação ao pai encontra-se intimamente atrelada à sua elevada estima. Quando o paranoico nomeia uma pessoa de seu círculo como seu "perseguidor", com isso a eleva até a classe paterna, inserindo-a sob as condições que lhe permitem fazê-la responsável por toda a infelicidade que sente. Assim, essa segunda analogia entre o selvagem e o neurótico permite-nos discernir o quanto da relação do selvagem com seu soberano emana da atitude infantil da criança com o pai.

No entanto, o mais sólido ponto de referência para a nossa abordagem, que pretende comparar as proibições do tabu aos sintomas neuróticos, encontramos no próprio cerimonial do tabu, cuja importância para a instauração da monarquia acima elucidamos. Se supomos que desde o início ele intencionou provocar os efeitos que produz, exibe de maneira inconfundível seu duplo sentido e sua origem com base em tendências ambivalentes. O cerimonial não apenas distingue os reis e os alça acima de todos os comuns mortais, mas também lhes faz da vida um tormento e um fardo insuportável, coagindo-os a uma servidão que lhes é muito pior do que o é para seus súditos. Assim, o cerimonial aparece a nós como a exata contrapartida à ação obsessiva da neurose, na qual o impulso reprimido e aquele que o reprime encontram satisfação concomitante e comum. A ação obsessiva é, *supostamente*, uma proteção contra a ação proibida; poderíamos dizer, porém, que, *na verdade*, ela é a repetição do proibido. O "supostamente" aqui se aplica à instância consciente da vida psíquica, o "na verdade", à sua instância inconsciente. Desse modo, também o cerimonial do tabu dos reis é, supostamente, a mais elevada honraria e segurança de que desfrutam, enquanto, na verdade, é a punição por sua elevação, a vingança que lhes é imposta pelos súditos. No livro de Cervantes, evidencia-se que as experiências de Sancho Pança como governador em sua ilha fizeram-no reconhecer essa concepção do cerimonial da corte como a única correta. E é bem possível que receberíamos outras confirmações se pudéssemos instar os reis e soberanos de hoje a que se pronunciassem a respeito.

O motivo pelo qual a disposição emocional contra o soberano deve conter tão poderoso e inconsciente aporte de hostilidade é um problema muito interessante, mas que transcende as fronteiras deste trabalho. Já temos a pista para o complexo paterno infantil; cumpre acrescentar que o rastreamento da pré-história da monarquia deveria nos trazer os esclarecimentos decisivos. Segundo as elucidações de Frazer, impressionantes, mas não de todo convincentes, os primeiros reis resumiam-se a estrangeiros que, após um breve reinado e na condição de representantes da divindade, eram designados à morte sacrificial em celebrações festivas.[67] Nem mesmo os mitos da cristandade passaram ilesos pelos efeitos dessa história evolutiva dos reis.

---

67. Frazer, "The Magic Art…", 2º vol. In: Frazer, 1911.

c) O tabu dos mortos

Sabemos que os mortos são soberanos poderosos; talvez fiquemos surpresos ao tomar conhecimento de que são considerados inimigos.

O tabu dos mortos — se podemos permanecer no terreno da comparação com o processo infeccioso — dá provas de uma especial virulência na maioria dos povos primitivos. Ele se exterioriza, primeiramente, nas consequências provocadas pelo contato com o morto e no tratamento que se dispensa aos que por ele estão enlutados. Entre os maoris, todo aquele que tivesse tocado um cadáver ou participado do sepultamento tornava-se impuro em grau máximo e era quase segregado de todo trânsito com seu próximo, sendo, por assim dizer, boicotado. Não podia entrar em nenhuma casa nem se aproximar de pessoa ou coisa alguma sem as contagiar com a mesma propriedade. Mais ainda, nem sequer lhe era permitido tocar os alimentos com as mãos, as quais a impureza havia reduzido quase à inutilidade. Deixava-se a comida para ele no chão, e só lhe restava aproveitá-la como lhe fosse possível, com os lábios e com os dentes, enquanto mantinha as mãos arqueadas às costas. Ocasionalmente se permitia que outra pessoa lhe desse de comer, e esta, então, o fazia com o braço estendido, para não tocar no infeliz; ocorre que até mesmo esse auxiliar se submetia a restrições, que não eram, no entanto, tão opressivas quanto as impostas ao primeiro. Em cada aldeia se tinha um indivíduo completamente degradado, à margem da sociedade, a viver do modo mais miserável, com parcas esmolas, e somente a esse ser era permitido aproximar-se, à distância de um braço estendido, de quem houvesse cumprido o último dever para com um falecido. Terminado o período de segregação, com o que, então, o conspurcado pelo cadáver poderia voltar a viver entre os seus, destruía-se qualquer vasilha de que ele se servira durante a penitência e jogava-se fora toda a roupa com a qual houvesse se vestido.

Os usos do tabu após o contato físico com o morto são os mesmos em toda a Polinésia e Melanésia e em parte da África; seu aspecto mais constante é a proibição de o próprio indivíduo impuro tocar o alimento, bem como a necessidade, daí resultante, de ser alimentado por outros. É digno de nota que, na Polinésia, ou talvez apenas no Havaí,[68] os reis-sacerdotes, durante a execução de atos sagrados, estejam submetidos às mesmas restrições. No tabu dos mortos em Tonga, sobressaem-se com especial clareza a gradação e a paulatina supressão das proibições pela própria força do tabu. Quem tocasse o cadáver de um chefe morto tornava-se impuro por dez meses; mas, se ele próprio fosse um chefe, o período de impureza durava três, quatro ou cinco meses, a depender da categoria do falecido; porém, se se tratasse do cadáver do divinizado chefe supremo, mesmo os maiores chefes mantinham-se tabu durante dez meses. Os selvagens acreditam firmemente que quem tiver transgredido tais preceitos do tabu haverá de adoecer gravemente e morrer, e tão forte é essa crença que, de acordo com o parecer de um observador, eles jamais ousaram tentar se convencer do contrário.[69]

Iguais no essencial, porém mais interessantes para nossos fins, são as restrições do tabu das pessoas cujo contato com os mortos deva ser entendido em sentido figurado, isto é, no sentido dos parentes enlutados, dos viúvos e das viúvas. Se, nos preceitos até aqui mencionados, vemos apenas a expressão característica da virulência e da capacidade de disseminação do tabu, no que temos de comunicar agora transparecem os motivos do tabu, e, por certo, tanto os motivos supostos quanto os que podemos tomar por autênticos e profundos.

Entre os *shuswaps*, da Colúmbia Britânica, viúvas e viúvos devem viver apartados durante o seu período do luto; não se permite que toquem o próprio corpo nem a cabeça com as mãos; todas as vasilhas com que tiverem se servido são retiradas do uso dos outros. Nenhum caçador quererá se aproximar de cabana em que habite um tal enlutado, já que isso lhe traria infelicidade; se a sombra de um enlutado caísse sobre ele, certamente adoeceria. Os enlutados dormem entre as sarças e circundam o seu leito com elas. Essa última medida

---

68. Idem, "Taboo", p. 138 ss. In: Frazer, 1911.
69. William Mariner, *An Account of the Natives of the Tonga Islands*, 1818, citado por Frazer, "Taboo", p. 140. In: Frazer, 1911.

destina-se a manter afastado o espírito do falecido, e é ainda mais clara do que a prática relatada de outras tribos norte-americanas: durante algum tempo após a morte do marido, a viúva deve usar uma peça do vestuário semelhante a uma calça, feita de capim seco, para se fazer inacessível à aproximação do espírito. Com isso se nos evidencia a ideia de que o contato "em sentido figurado" é compreendido apenas como um contato físico, uma vez que o espírito do falecido não se afasta de seus familiares e não desiste de "rondá-los" durante o período do luto.

Entre os agutaínos, que vivem em Palawan, umas das Filipinas, uma viúva não pode deixar sua cabana nos primeiros sete ou oito dias após o falecimento, exceção feita ao período noturno, quando encontros não são esperados. Imediatamente corre perigo de morte quem a avistar, razão pela qual ela própria denuncia sua aproximação, golpeando as árvores, a cada passo que dá, com um bastão de madeira; essas árvores, no entanto, secam. Outra observação elucida-nos sobre no que pode consistir a periculosidade de uma tal viúva. No distrito de Mekeo, na Nova Guiné Britânica, um viúvo perde todos os seus direitos civis e vive por uns tempos como um segregado. Não pode cultivar um jardim, nem se mostrar em público, nem caminhar pela aldeia e pelas ruas. Vive se esgueirando como um animal selvagem pelo capim alto ou por entre os arbustos, e tem de se esconder pelo matagal quando vê alguém se aproximar, sobretudo se for uma mulher. Essa última alusão nos torna fácil remeter a periculosidade do viúvo ou da viúva ao perigo da *tentação*. O homem que tiver perdido sua mulher deve evitar o anseio por uma substituta; a viúva tem de combater o mesmo desejo, podendo, além do mais, já não tendo senhor, despertar o desejo de outros homens. Qualquer satisfação substitutiva desse tipo incorre contra o sentido do luto; ela faria inflamar a cólera do espírito.[70]

---

70. A mesma paciente, cujas "impossibilidades" associei ao tabu (ver p. 46), confessou que sempre se indignava quando encontrava na rua uma pessoa trajando luto, como se essas pessoas devessem ser proibidas de sair de casa!

Entre os primitivos, uma das mais estranhas, mas também das mais instrutivas, práticas do tabu é a proibição de pronunciar o nome do falecido. Essa prática é extremamente disseminada, tendo experimentado uma variedade de implementações e tido significativas consequências.

Além dos australianos e dos polinésios, que são os que nos mostram as práticas do tabu em sua melhor conservação, a referida proibição encontra-se entre povos tão distantes e estranhos entre si como os samoiedos da Sibéria e os todas do sul da Índia, os mongóis da Tartária e os tuaregues do Saara, os ainos do Japão e os *akambas* e *nandis* da África Central, os *tinguianes* das Filipinas e os habitantes das Ilhas Nicobar, de Madagascar e de Bornéu.[71] Em alguns desses povos, a proibição e as consequências dela decorrentes valem apenas para o período do luto, enquanto em outros elas se mantêm permanentes, ainda que em todos os casos pareçam ir sendo purgadas à medida que o momento do falecimento se distancia.

A evitação do nome do falecido, via de regra, é observada com um rigor extraordinário. É assim que, entre muitas tribos sul-americanas, considera-se como a mais grave afronta, para os sobreviventes, pronunciar o nome do parente morto em sua presença, e a punição estabelecida para tal não é menor do que a que se impõe a um assassinato.[72] Em um primeiro momento não é fácil imaginar por que motivo a menção do nome deva ser algo tão abominável, mas os perigos associados a isso têm dado origem a toda uma série de expedientes que, em vários aspectos, são interessantes e significativos. Os masais da África recorreram ao subterfúgio de modificar o nome do falecido imediatamente após sua morte; desse modo, é permitido, sem horror, mencionar o novo nome, enquanto todas as proibições se mantêm atreladas ao antigo. Aí se parece ter o pressuposto de que o espírito não conhece o seu novo nome e de que não vai conhecê-lo. As tribos australianas de Adelaide Bay e de Encounter Bay são tão

---

71. Frazer, "Taboo", p. 353. In: Frazer, 1911.
72. Ibidem, p. 352 ss.

consequentes em sua precaução que, após um falecimento, mudam de nome todas as pessoas que tinham o mesmo nome do falecido ou um nome bastante parecido. Muitas vezes, como uma extensão desse mesmo modo de pensar, após um falecimento procede-se à mudança do nome de todos os parentes do falecido, sem se levar em conta a consonância dos nomes, e assim é entre algumas tribos de Victoria e do noroeste da América. Entre os guaicurus do Paraguai, em tão triste ocasião cabia ao chefe dar a todos os membros da tribo um novo nome, este do qual passarão a lembrar como se o tivessem trazido desde sempre.[73]

Além disso, se o nome do falecido coincidisse com a designação de um animal, objeto, etc., a muitos dos povos citados pareceria necessário renomear também esses animais e objetos, para que o uso dessas palavras não fizesse recordar o falecido. Daí só podia resultar uma contínua mudança do vocabulário, que fez com que os missionários deparassem com muitas dificuldades, em especial quando a proscrição do nome fosse permanente. Nos sete anos em que o missionário Dobrizhofer passou entre os *abipones* do Paraguai, o nome para jaguar mudou três vezes, e as palavras para "crocodilo", "espinho" e "abate de animais" tiveram semelhante destino.[74] O horror a pronunciar um nome que tenha pertencido a um falecido espraia-se também na direção de se evitar mencionar tudo aquilo em que esse falecido tivesse desempenhado um papel, e como consequência significativa desse processo de recalque resulta que esses povos já não têm qualquer tradição, quaisquer reminiscências históricas, e uma investigação de sua pré-história há de encontrar as maiores dificuldades pelo caminho. Mas em uma série desses povos primitivos também se impunham usos compensatórios, a fim de evocar os nomes dos falecidos após um longo período de luto: tais nomes são conferidos a crianças, que são consideradas como o renascimento dos mortos.

---

73. Ibidem, p. 357, citando um antigo observador espanhol, 1732.
74. Ibidem, p. 360.

A estranheza desse tabu do nome se nos faz reduzida se formos lembrados de que, para os selvagens, o nome é uma parte essencial e um patrimônio importante da personalidade, uma vez que à palavra eles atribuem o pleno significado da coisa. O mesmo fazem nossos filhos, conforme observei em outra parte, que jamais se contentam com a hipótese de uma semelhança entre palavras ser desprovida de sentido, e, sim, inferem de modo consequente que, quando duas coisas são designadas com nomes que soam iguais, é preciso que isso designe uma profunda conformidade entre elas. Mesmo o adulto civilizado, por uma série de peculiaridades de seu comportamento, pode descobrir não estar tão longe de tomar os nomes próprios em sentido pleno e substantivo quanto acredita que seu nome se funde à sua pessoa de maneira muito particular. Com isso, coaduna-se a prática psicanalítica ao encontrar múltiplas ocasiões para indicar o significado do nome na atividade inconsciente de pensamento.[75]

Como seria de se esperar, os neuróticos obsessivos comportam-se em relação aos nomes tal e qual os selvagens. Eles revelam toda a "sensibilidade ao complexo" no que diz respeito a pronunciar e ouvir determinadas palavras e nomes (de modo semelhante ao que se tem com os neuróticos), e do trato que dispensam ao próprio nome deriva um grande número de inibições, muitas vezes graves. Uma dessas doentes do tabu, eu a conheci, estabelecera a evitação de escrever o seu nome, por medo de que ele caísse nas mãos de alguém que, com isso, viria a possuir uma parte de sua personalidade. Na obstinada fidelidade com que tinha de se proteger das tentações de sua fantasia, ela criara para si o mandamento de "não dar nada de sua pessoa". Isso incluía, antes de mais nada, o nome e, por extensão, a assinatura, e, por fim, ela acabou desistindo da escrita.

Assim, já não nos surpreende que o nome do morto seja tido pelos selvagens como parte de sua personalidade e que seja tornado objeto do tabu que àquele se refira. Também a menção ao nome do

---

75. Ver Wilhelm Stekel e Karl Abraham.

morto é passível de ser remetida ao contato com ele, e, com isso, podemos nos voltar ao problema, mais abrangente, de averiguar por que esse contato é afetado por tão rigoroso tabu.

A explicação mais evidente apontaria para a aversão natural suscitada pelo cadáver e pelas alterações que nele imediatamente são percebidas. Além disso, se teria de conceder um lugar ao luto pelos mortos como motivo para tudo o que se refere a esses mortos. Tomada por si só, a aversão ao cadáver não coincide com os pormenores dos preceitos do tabu, e o luto, em momento algum, pode explicar de que modo a menção ao morto seria uma grave afronta a seus enlutados. Tem-se muito mais o contrário, pois ao luto apraz ocupar-se do falecido, elaborar sua memória e conservá-la pelo maior tempo possível. Algo outro que não o luto deve ser responsabilizado pelas peculiaridades das práticas do tabu, algo que, como é evidente, persiga propósitos diversos. São justamente os tabus dos nomes que revelam para nós esse motivo ainda desconhecido, e, se as práticas não o dissessem por si mesmas, nós viríamos a conhecê-lo pelos dados dos próprios selvagens enlutados.

Na verdade, eles não fazem nenhum segredo de que *temem* a presença e o retorno do espírito do falecido; realizam uma série de cerimônias para mantê-lo a distância, para expulsá-lo.[76] Parece-lhes que pronunciar o seu nome seria uma invocação cuja consequência imediata seria a sua presença.[77] Como consequência, tudo fazem para evitar tal invocação e tal despertar. Disfarçam-se para que o espírito não os reconheça[78] e desfiguram o nome do falecido ou o seu próprio; enfurecem-se com o estrangeiro descuidado, que, com a menção do nome, atiça o espírito, lançando-o sobre os seus enlutados. É impossível evitar a conclusão de que eles,

---

76. Como exemplo de tal admissão, Frazer, "Taboo", p. 353. In: Frazer, 1911, cita os tuaregues do Saara.
77. Talvez seja aqui o caso de acrescentar a condição: enquanto ainda existir algo de seus restos mortais. Frazer, "Taboo", p. 372. In: Frazer, 1911.
78. Nas Ilhas Nicobar. Ibidem, p. 382.

segundo a expressão de Wundt, padecem do medo "de sua alma tornada demônio".[79]

Com essa compreensão, estaríamos a corroborar a concepção de Wundt, que, conforme vimos, encontra a essência do tabu no medo dos demônios.

Tão peculiar é o pressuposto dessa teoria — o de que, no momento de sua morte, o membro mais caro da família se converte em demônio, e deste os enlutados só podem esperar atos hostis, e de cujos malignos desejos eles têm de se proteger com todos os meios — que, num primeiro momento, se lhe negará todo o crédito. Porém, quase todos os autores bem considerados estão de acordo quanto a atribuir aos primitivos essa concepção. Em sua obra *Ursprung und Entwicklung der Moralbegriffe* [Origem e evolução dos conceitos morais], Westermarck, segundo o meu juízo, confere muito pouca atenção ao tabu, e é de maneira direta que se expressa no capítulo "Conduta para com os falecidos":

> Em termos gerais, o material factual de que disponho me permite concluir que os mortos com mais frequência são vistos como inimigos do que como amigos,[80] e que Frank Byron Jevons e Grant Allen se equivocam ao afirmar que antes se acreditava que a malignidade dos mortos se dirigia, via de regra, unicamente aos estranhos, enquanto à vida e ao bem-estar de seus descendentes e membros de seu clã eles dispensavam cuidados parentais.

---

79. Wundt, op. cit., p. 49.
80. Edvard Alexander Westermarck, *Ursprung und Entwicklung der Moralbegriffe* [Origem e desenvolvimento de conceitos morais], vol. II, 1909, p. 424. Na nota e na continuação do texto se tem toda uma miríade de testemunhos comprobatórios, não raro bastante característicos, por exemplo: os maoris acreditavam "que os parentes mais próximos e mais amados mudavam a sua essência após a morte, tornando-se malignos mesmo para com aqueles que haviam sido seus preferidos"; os negros da Austrália acreditam que todo falecido será malévolo por muito tempo — quanto mais estreito o parentesco, maior o medo —; entre os esquimós centrais, prevalece a ideia de que os mortos apenas mais tarde obtêm o repouso, de início sendo temidos como espíritos do infortúnio, que frequentemente orbitam a aldeia para espalhar doenças, morte e outras desgraças.

Em um livro impressionante, Rudolf Kleinpaul valeu-se dos restos da antiga crença nas almas entre os povos civilizados para representar o vínculo entre os vivos e os mortos.[81] Tal crença, segundo o autor, também culmina na convicção de que os mortos atraem para si os vivos com um prazer assassino. Os mortos matam; o esqueleto, com que a morte é *hoje* representada, representa que a própria morte não passa de alguém que mata. O vivo não se sentia seguro ante o assédio do morto até que pusesse uma barreira de água a separá-lo dele. Por isso se preferia sepultar os mortos em ilhas ou levá-los para o outro lado de um rio; as expressões "deste lado" e "além" são advindas daí. Uma suavização posterior limitou a malignidade dos mortos às categorias às quais se tinha de conceder um especial direito ao rancor — como a dos assassinados que perseguem seu matador sob a forma de um espírito maligno, como a dos que faleceram em meio a um anseio não saciado, como as noivas. Mas, em sua origem, entende Kleinpaul, todos os mortos seriam vampiros, todos guardariam rancor dos vivos e buscariam prejudicá-los, roubá-los da vida. Foi o cadáver que pela primeira vez proporcionou o conceito de um espírito maligno.

A hipótese segundo a qual depois da morte os falecidos mais amados se converteriam em demônios evidentemente nos deixa com outra interrogação. O que movia os primitivos a atribuir a seus mais encarecidos mortos tal mudança de atitude? Por que deles faziam demônios? Westermarck crê que essa pergunta seja de fácil resposta.[82]

> Uma vez que a morte, o mais das vezes, é tomada pela pior infelicidade que o ser humano pode encontrar, acredita-se que os finados estariam extremamente descontentes com seu destino. De acordo com a concepção dos povos naturais, só se morre por assassinato, seja ele violento, seja acionado por magia, e já por isso se vê a alma como vingativa e irritadiça; ela supostamente inveja os vivos e anseia pela companhia de

---

81. Rudolf Kleinpaul, *Die Lebendigen und die Toten in Volksglauben, Religion und Sage* [Os vivos e os mortos nas crenças populares, religião e lendas], 1898.
82. Ibidem, p. 426.

seus antigos familiares — por isso é compreensível que busque matá-los por meio de doenças, para se unir a eles (...)
(...) Outra explicação para a malignidade que se atribui às almas reside no medo instintivo que se lhes têm, medo que, por sua vez, é o resultado do medo da morte.

O estudo das perturbações psiconeuróticas aponta para uma explicação mais abrangente, que inclui a de Westermarck.
Quando uma mulher perde o seu marido por falecimento, ou uma filha, a sua mãe, não raro o que acontece é a sobrevivente ser acometida por dúvidas martirizantes, que chamamos de "acusações obsessivas", pelas quais ela considera se ela própria, por uma imprudência ou por negligência, não seria a culpada pela morte do ente querido. Para pôr fim ao tormento, de nada vale a lembrança do quanto foi esmerada nos cuidados para com a pessoa doente nem a refutação factual da alegada culpa, e o tormento talvez se constitua na expressão patológica de um luto, que, com o tempo, se dissipa lentamente. A investigação psicanalítica de tais casos nos fez conhecer as molas impulsionais secretas do sofrimento. Ficamos sabendo que as acusações obsessivas, em certo sentido, são justificadas, e só assim se fazem imunes à refutação e à objeção. Não que a enlutada fosse realmente responsável pela morte ou que a negligência tivesse realmente ocorrido, como sustenta a acusação obsessiva; porém, nela algo está presente, um desejo que lhe é inconsciente, que não se deu por satisfeito com a morte e a teria provocado se tivesse poder para fazê-lo. É contra esse desejo inconsciente que então reage a acusação após a morte do ente querido. A hostilidade que se oculta no inconsciente por trás de um terno amor existe em quase todos os casos de ligação intensa do sentimento a determinada pessoa, sendo este o caso clássico, o modelo da ambivalência das moções de sentimento humanas. Essa ambivalência é prevista em maior ou menor grau na disposição de cada indivíduo; normalmente ela não é grande a ponto de suscitar as relatadas acusações obsessivas. Mas, onde ela for abundante, ali ela se manifestará precisamente

em relação às pessoas mais queridas, ali onde ela menos seria esperada. Sobre a predisposição à neurose obsessiva, a cuja comparação tantas vezes recorremos na questão do tabu, acreditamos que ela se caracterize por uma medida especialmente elevada de tal originária ambivalência de sentimentos.

Assim, tomamos conhecimento do fator que pode explicar o suposto demonismo das almas recém-falecidas e a necessidade de se proteger de sua hostilidade mediante os preceitos do tabu. Quando supomos que à vida emocional dos primitivos corresponde um alto grau de ambivalência, semelhante ao que, segundo os resultados da psicanálise, atribuímos aos doentes obsessivos, entendemos que, após a perda dolorosa, faz-se necessária uma reação à hostilidade latente no inconsciente semelhante à que na neurose se manifesta por meio das acusações obsessivas. Essa hostilidade, penosamente sentida no inconsciente como satisfação pelo caso de morte, tem, entre os primitivos, um destino diferente; ela é repelida, uma vez que deslocada para o objeto da hostilidade, para os mortos. Na vida psíquica normal, como na patológica, chamamos de *projeção* esse frequente processo de defesa. Aquele que sobreviveu então ignora que alguma vez abrigou moções hostis contra o falecido amado; mas a alma do falecido agora as abriga, e se empenhará em levá-las à prática durante todo o período do luto. Não obstante a exitosa defesa por meio da projeção, o caráter de punição e de arrependimento dessa reação emocional se manifestará no fato de se ter medo, de impor-se renúncias e de se submeter a restrições que, em parte, são disfarçadas de medidas de proteção contra o demônio hostil. Tornamos a nos deparar, assim, com o fato de o tabu ter crescido no solo de uma disposição ambivalente de sentimentos. Também o tabu dos mortos provém da oposição entre dor consciente e satisfação inconsciente pela morte que se deu. Sendo essa a origem do rancor dos espíritos, evidencia-se que justamente os enlutados mais próximos e outrora mais amados sejam os que mais tenham de temê-lo.

Também aqui os preceitos do tabu se comportam de maneira ambígua, tal como os sintomas neuróticos. Por um lado, por seu caráter de restrição, eles expressam o luto, mas, por outro, revelam claramente o que pretendem ocultar: a hostilidade contra os mortos, agora motivada como legítima defesa. Aprendemos a compreender certa parcela da proibição do tabu como medo de tentações. O morto está indefeso, e isso tem de estimular a satisfação de desejos hostis junto a ele, devendo-se opor uma proibição a essa tentação.

Mas Westermarck está certo quando sustenta que, na concepção dos selvagens, não há diferença entre os falecidos por morte violenta e por morte natural. Para o pensamento inconsciente, mesmo o que morreu de morte natural foi assassinado; os desejos malignos o mataram (*ver o próximo ensaio desta série: "Animismo, magia e onipotência dos pensamentos"*). Quem se interessar pela origem e pelo significado dos sonhos com a morte de parentes próximos (pais e irmãos) poderá constatar junto ao que sonha, à criança e aos selvagens, a plena concordância de sua conduta para com o morto, fundada na mesma ambivalência de sentimentos.

Acima contradissemos uma concepção de Wundt que encontra a essência do tabu no medo dos demônios; não obstante, acabamos de concordar com a explicação que atribui o tabu dos mortos ao medo da alma do falecido convertida em demônio. Se tal pareceria uma contradição, não nos parece difícil resolvê-la. É verdade que aceitamos os demônios, mas não os consideramos algo último e insolúvel para a psicologia. Chegamos aos demônios, por assim dizer, uma vez que os reconhecemos como projeções de sentimentos hostis que os enlutados nutrem contra os mortos.

Os sentimentos ambíguos — ternos e hostis, segundo nossa bem-fundada hipótese — para com os falecidos querem ambos se fazer valer como luto e como satisfação no momento da perda. Entre ambos esses opostos só pode se instalar um conflito, e, visto que uma das partes da oposição, a hostilidade, é — em todo ou em sua maior parte — inconsciente, a saída do conflito não pode consistir numa subtração recíproca de ambas as intensidades com a intervenção consciente do saldo, mais ou menos como se dá quando perdoamos à pessoa amada uma ofensa que nos infligiu. O processo resolve-se muito mais por um mecanismo psíquico especial, que, na psicanálise, estamos habituados a chamar de *projeção*. A hostilidade, da qual nada se sabe e também nada se quer saber, é lançada da percepção interior para o mundo externo, e, com isso, é desatada da própria pessoa e transferida à outra. Não que nós, os sobreviventes, estejamos agora a nos alegrar por estarmos livres do falecido; não, nós estamos enlutados por ele, mas, estranhamente, ele se tornou um demônio maligno, a quem nossa desgraça daria satisfação e que busca nos trazer a morte. Os sobreviventes devem, então, se defender desse inimigo maligno; são aliviados da aflição interior, porém, apenas a trocaram por uma aflição exterior.

Não se pode negar que esse processo de projeção, que transforma os falecidos em malignos inimigos, encontra inspiração nas hostilidades reais, que deles recordamos e podemos realmente censurar. Assim, em sua dureza, ambição, injustiça e no que mais compuser o pano de fundo até mesmo dos vínculos mais ternos entre os homens. Mas as coisas não podem ser tão simples a ponto de somente esse fator nos permitir conceber a criação projetiva dos demônios. As faltas em que os falecidos incorreram certamente seriam uma parte da motivação da hostilidade dos sobreviventes, mas elas seriam ineficazes se estes não desenvolvessem essa hostilidade por si próprios; além disso, o momento da morte dos familiares por certo seria a ocasião mais inapropriada para despertar a lembrança das censuras que seria justificado lhes fazer. Não podemos prescindir da hostilidade inconsciente como o motivo regularmente atuante e efetivamente impulsor. Essa corrente hostil contra os familiares mais próximos e mais caros poderia se manter latente em seu tempo de vida, ou seja, não se revelar à consciência nem de maneira direta nem indireta por meio de alguma formação substitutiva. Com o óbito das pessoas a um só tempo amadas e odiadas, isso deixou de ser possível, e o conflito se agudizou. O luto, proveniente da ternura intensificada, por um lado, se tornou mais intolerante com a hostilidade latente, e, por outro, não pôde admitir que desta última viesse resultar um sentimento de satisfação. Desse modo se chegou ao recalque da hostilidade inconsciente pela via da projeção, à constituição daquele cerimonial em que se expressa o medo da punição pelos demônios, e, com a expiração temporal do luto, também o conflito perde sua severidade, de forma que o tabu desses mortos pode se enfraquecer ou cair no esquecimento.

4

Se, com isso, aclaramos o terreno em que cresceu o sobremaneira instrutivo tabu dos mortos, não queremos descuidar de conectar algumas observações que podem ser absolutamente significativas para a compreensão do tabu.

No caso do tabu dos mortos, a projeção da hostilidade inconsciente sobre os demônios é apenas um único exemplo de uma série de processos aos quais devemos atribuir a máxima influência sobre a configuração da vida anímica primitiva. No caso em questão, a projeção serve à solução de um conflito de sentimentos; ela encontra idêntica aplicação num grande número de situações psíquicas que conduzem à neurose. Mas a projeção não foi criada para a defesa, levando-se a efeito também onde não há conflito algum. A projeção de percepções interiores para fora é um mecanismo primitivo, ao qual estão sujeitas, por exemplo, também nossas percepções dos sentidos, e, portanto, normalmente ela tem a participação mais importante na configuração de nosso mundo externo. Sob condições ainda não suficientemente averiguadas, percepções interiores, mesmo de processos emocionais e intelectuais, são projetadas para fora tal qual as percepções dos sentidos, sendo empregadas para a conformação do mundo externo, quando deveriam se manter no mundo interior. Do ponto de vista genético, talvez isso esteja relacionado ao fato de que originariamente a função da atenção não estava voltada ao mundo interior, mas aos estímulos afluentes do mundo externo, e dos processos endopsíquicos ela recebe apenas as notícias sobre evoluções de prazer e desprazer. Só mesmo com a formação de uma linguagem de pensamento abstrata, por meio do enlace dos restos sensoriais das representações de palavras com processos interiores, é que esses últimos se tornaram, pouco a pouco, passíveis de percepção. Até então, os homens primitivos tinham desenvolvido uma imagem do mundo externo mediante a projeção de percepções interiores para fora, e essa imagem nós, agora, temos de retraduzir na psicologia com uma fortalecida percepção consciente.

A projeção das próprias moções malignas nos demônios é apenas uma parte de um sistema que se converteu na "cosmovisão" dos primitivos e do qual nós, no próximo ensaio desta série, vamos tomar conhecimento como o "animista". Estabeleceremos, então, as características psicológicas de tal formação de sistema e tornaremos a encontrar nossos pontos de apoio na análise daquelas formações de sistema que se manifestam a nós na neurose. De antemão, queremos revelar apenas que a chamada "elaboração secundária" do conteúdo onírico é o modelo para todas essas formações de sistema. Tampouco devemos esquecer que a partir do estágio de formação de sistema existem duas derivações para cada ato avaliado pela consciência, a derivação sistemática e a derivação real, porém inconsciente.[83]

Wundt[84] observa que, "entre os efeitos que o mito em toda a parte atribui aos demônios, prevalecem, sobretudo, os *ameaçadores*, de modo que na crença dos povos os demônios malignos sejam visivelmente mais antigos que os bons". É então muito possível que o conceito mesmo de demônio tenha sido obtido nessa relação tão significativa com os mortos. Assim, no transcurso posterior do desenvolvimento humano, a ambivalência inerente a essa relação exteriorizou-se de maneira que uma mesma raiz fizesse emanar duas formações psíquicas de todo contrárias: o medo de demônios e de fantasmas, por um lado, a veneração aos antepassados, por outro.[85]

---

83. As criações projetivas dos primitivos têm uma relação estreita com as personificações com que o poeta extrai de si, ao modo de indivíduos isolados, as moções impulsionais antagônicas que lutam dentro dele.
84. Wundt, op. cit., p. 129.
85. Nas psicanálises de pessoas neuróticas, que sofrem ou sofreram em sua infância com medo de fantasmas, com frequência não é difícil desmascarar esses fantasmas como sendo os pais. A esse respeito, ver também a comunicação de Paul Haeberlin intitulada "Sexualgespenster" [Fantasmas sexuais]. *Sexualprobleme* [Problemas sexuais], fev. 1912, em que se trata de outra pessoa de conotação erótica, mas num caso em que o pai havia falecido.

Que os demônios sejam apreendidos sempre como os espíritos de *recém*-falecidos, tem-se aí algo que atesta como nenhuma outra coisa a influência do luto sobre a gênese da crença nos demônios. O luto tem uma tarefa psíquica bastante precisa a realizar, qual seja, ele deve desprender do morto as lembranças e expectativas dos sobreviventes. Concluído esse trabalho, a dor diminui, e, com ela, o arrependimento e as acusações, e, com isso, também o medo do demônio. Mas os mesmos espíritos que, de início, foram temidos como demônios agora vão ao encontro de destinação mais benigna, de serem venerados como antepassados e invocados para dar assistência.

Se lançarmos um olhar de sobrevoo à relação dos sobreviventes com os mortos no decorrer dos tempos, é inegável que sua ambivalência diminuiu extraordinariamente. Agora é fácil refrear a hostilidade aos mortos, que é inconsciente, mas sempre ainda comprovável, sem que, para tanto, se necessite de um dispêndio psíquico particular. Onde antes havia o embate entre o ódio satisfeito e a ternura dolorosa, eleva-se hoje, ao modo de uma cicatrização, a reverência, que exorta: *De mortuis nil nisi bene* [Dos mortos não se diga mais que o bem]. Só mesmo os neuróticos ainda embotam o luto pela perda de um ente querido com acessos de acusações obsessivas, cujo segredo é, como se revela na psicanálise, a antiga disposição ambivalente de sentimentos. Não precisamos aqui elucidar por que caminhos se produziu essa alteração, nem em que medida a alteração constitucional e a melhoria real das relações familiares participam de sua origem. Mas, por meio desse exemplo, pode-se introduzir a hipótese de que *às moções psíquicas dos primitivos cabe conceder uma medida de ambivalência mais elevada do que a que se encontra no homem civilizado de hoje em dia. Com a redução dessa ambivalência, lentamente se esvaneceu também o tabu, o sintoma de compromisso do conflito de ambivalência.* Sobre os neuróticos, que *são obrigados a reproduzir essa luta* e o tabu dela resultante, diríamos que trouxeram consigo uma constituição arcaica como resto atávico, e, agora, se encontram coagidos a compensá-la a serviço das demandas culturais à custa de um enorme dispêndio psíquico.

Neste ponto nos lembramos da informação que, confusa pela falta de clareza, Wundt nos deu acerca do duplo significado da palavra "tabu": sagrado e impuro (*ver acima*). Originalmente a palavra "tabu" ainda não significava sagrado e impuro, mas, sim, designava o demoníaco, o que não é permitido tocar, e, com isso, ressaltava-se um importante traço comum a ambos os conceitos extremos; ocorre que a persistência dessa comunidade comprovava que, entre ambos os domínios do sagrado e do impuro, imperava uma concordância original que apenas mais tarde daria lugar a uma diferenciação.

Em oposição a isso, de nossas discussões inferimos sem esforço que à palavra "tabu" desde o início coube o mencionado duplo significado, que servia para designar uma certa ambivalência e tudo o que crescesse no solo de uma certa ambivalência. "Tabu" é mesmo uma palavra ambivalente, e, *a posteriori*, parece-nos que somente pelo sentido estabelecido dessa palavra já seria possível descobrir o que se produziu como resultado da abrangente investigação, ou seja, que a proibição do tabu deve ser compreendida como resultado de uma ambivalência de sentimentos. O estudo das línguas mais antigas nos ensinou que outrora existiam muitas dessas palavras, que abarcavam em si opostos; em certo sentido — ainda que não exatamente no mesmo sentido —, elas eram ambivalentes como a palavra "tabu".[86] Com o passar do tempo, modificações fonéticas mínimas da palavra original de sentido contrário serviram para criar uma expressão linguística separada para os dois opostos que nela aqui se encontram reunidos.

A palavra "tabu" teve outro destino; à medida que diminuía a importância da ambivalência por ela designada, ela própria, ou as palavras que lhe eram análogas, foram desaparecendo do léxico. Em contextos posteriores, espero poder tornar verossímil que, por trás do destino desse conceito, oculta-se uma palpável transformação

---

86. Ver minha exposição sobre o livro de Karl Abel, *Über den Gegensinn der Urworte* [Sentido antitético das palavras primitivas] no *Jahrbuch für psychoanalytische und psychopathologische Forschungen*, vol. II, 1910 (*Gesammelte Werke* [Obras completas], vol. VIII).

histórica, a de que a palavra, de início, aderia a relações humanas inteiramente determinadas, às quais era inerente a grande ambivalência de sentimentos, e de que, a partir daí, a palavra se estendeu a outras relações análogas.

Se não estivermos equivocados, a compreensão do tabu lança uma luz também à natureza e ao surgimento da *consciência moral* (*Gewissen*). Sem ampliar os conceitos, pode-se falar de uma consciência moral do tabu e de uma *consciência de culpa* (*Schuldbewußtsein*) do tabu após sua transgressão. A consciência moral do tabu é, provavelmente, a mais antiga forma pela qual nos deparamos com o fenômeno da consciência moral.

Ora, o que é "consciência moral"? Segundo o testemunho da linguagem, ela está entre as coisas que se sabem com mais certeza (*am gewissesten weiß*); em muitas línguas, sua designação mal se distingue daquela da consciência (*Bewußtsein*).[87]

A consciência moral é a percepção interior da recusa a determinadas moções de desejo presentes em nós; mas a ênfase recai no fato de que essa recusa não precisa invocar nenhuma outra coisa, pois está certa (*gewiß*) de si mesma. Isso se torna ainda mais claro na consciência de culpa, na percepção da condenação interior a tais atos, pelos quais realizamos determinadas moções de desejo. Uma fundamentação aqui pareceria supérflua; todo aquele provido de uma consciência moral deve rastrear em si a justificativa para essa condenação, a recriminação ao ato realizado. Pois bem, a conduta dos selvagens para com o tabu revela esse mesmo traço característico; o tabu é um mandamento da consciência moral, e sua violação faz surgir um aterrador sentimento de culpa, que é tão evidente quanto sua origem nos é desconhecida.[88]

---

[87]. Como é o caso da língua portuguesa, na qual temos uma mesma palavra para "consciência" no sentido de saber o que se está fazendo (no alemão, *Bewußtsein*) e "consciência" no sentido moral (no alemão, *Gewissen*). (N.T.)

[88]. É um paralelo interessante que a consciência de culpa do tabu em nada seja suavizada quando a transgressão ocorre inconscientemente (*ver exemplos acima*) e que tampouco no mito grego a culpa de Édipo seja cancelada porque nela ele incorreu sem saber nem querer.

Assim sendo, é provável que também a consciência moral nasça no solo de uma ambivalência de sentimentos proveniente de relações humanas bastante específicas, às quais essa ambivalência adere, e sob as condições vigentes para o tabu e para a neurose obsessiva, quais sejam, que um dos termos da oposição seja inconsciente e se mantenha recalcado pelo outro termo, que domina compulsoriamente. Com essa conclusão se harmonizam muitas coisas que aprendemos com a análise das neuroses. Em primeiro lugar, que no caráter dos neuróticos obsessivos o traço da concienciosidade penosa surge como sintoma de reação à tentação a espreitar no inconsciente, e que, na intensificação da condição enferma, os mais elevados graus de consciência de culpa são desenvolvidos por esses neuróticos. De fato, pode-se arriscar a afirmação de que, se não pudermos explorar nos pacientes obsessivos a origem da consciência de culpa, não teremos a menor perspectiva de conhecê-la. A solução dessa tarefa é bem lograda no caso do indivíduo neurótico tomado isoladamente; para os povos, ousamos poder inferir uma solução semelhante.

Em segundo lugar, deve nos chamar a atenção o fato de que a consciência de culpa tenha muito da natureza da angústia; ela pode, sem hesitação, ser descrita como "medo da consciência moral".[89] Mas a angústia aponta para fontes inconscientes; com a psicologia das neuroses aprendemos que, quando as moções de desejo se submetem ao recalque, sua libido é convertida em angústia. Além disso, queremos recordar que também na consciência de culpa algo nos é desconhecido e inconsciente, a saber, a motivação para o repúdio. A esse fator desconhecido corresponde o caráter de angústia da consciência de culpa.

Se o tabu se manifesta predominantemente em proibições, pode-se imaginar uma ponderação a nos dizer que tal é de todo

---

89. Embora no alemão se tenha *Angst* tanto para "medo" como para "angústia", o medo (*Angst*) em Freud é concebido como um sentimento aversivo com causa definida, enquanto angústia (*Angst*), como um sentimento até certo ponto semelhante, porém sem motivo palpável ou definido. (N.T.)

evidente e não necessita de amplas comprovações extraídas da analogia com a neurose, a de que a ele subjaz uma corrente positiva e desejante. Afinal, o que ninguém deseja ninguém precisa proibir, e o caso é que aquilo que mais expressamente se proíbe tem de ser objeto de um desejo. Se aplicarmos essa plausível tese a nossos primitivos, teríamos de inferir daí que entre suas mais fortes tentações estejam a de matar seus reis e sacerdotes, cometer o incesto, maltratar seus mortos, etc. Isso já não é muito provável; mas despertamos a mais resoluta oposição se cotejamos a mesma tese com os casos em que com mais clareza acreditamos ouvir a voz da consciência moral. Nós, então, afirmaríamos com a mais inabalável segurança que não experimentamos a menor tentação de transgredir um desses mandamentos, por exemplo, o mandamento "não matarás", e que ante a transgressão deste experimentaríamos tão somente a repulsa.

Se se atribui a esse enunciado de nossa consciência moral o significado que ele reivindica, com isso, por um lado, a proibição se faz supérflua — o tabu tanto quanto a nossa proibição moral —, e, por outro, o fato da consciência moral se mantém sem explicação, e as relações entre consciência moral, tabu e neurose são suprimidas; assim sendo, produz-se aquele estado de nosso entendimento, que subsiste mesmo na atualidade, enquanto não aplicamos pontos de vista psicanalíticos ao problema.

Mas, se levarmos em conta o fato descoberto pela psicanálise — nos sonhos de pessoas saudáveis —, o de que a tentação de matar a outrem também entre nós é mais forte e mais frequente do que suspeitávamos, e de que ela manifesta efeitos psíquicos também onde não se mostra à nossa consciência, e se, além disso, nos preceitos obsessivos de certos neuróticos reconhecemos as garantias e autopunições em relação ao fortalecido ímpeto de matar, então, com renovado juízo, voltaremos à tese acima estabelecida: "onde existe uma proibição tem-se atrás dela um desejo". Suporemos que esse desejo, de matar, esteja efetivamente presente no inconsciente, e que tanto o tabu como a proibição moral de modo algum sejam psicologicamente supérfluos, mas, sim, se explicam e se justificam pela atitude ambivalente para com o ímpeto assassino.

Um dos traços característicos dessa relação de ambivalência, que com tanta frequência temos salientado como fundamental, o de que a corrente de desejo positivo é inconsciente, inaugura uma perspectiva para outras conexões e possibilidades de explicação. Os processos psíquicos no inconsciente não são inteiramente idênticos aos que nos são conhecidos em nossa vida psíquica consciente, mas, sim, gozam de certas liberdades notáveis que foram subtraídas desses últimos. Um ímpeto inconsciente não precisa ter surgido lá onde encontramos sua manifestação; ele pode advir de outra parte e, em sua origem, ter se referido a outras pessoas e relações, e, pelo mecanismo de *deslocamento*, chegar ali onde nos chama a atenção. Além disso, graças à indestrutibilidade e incorrigibilidade dos processos inconscientes, ele pode provir de épocas bastante primevas, nas quais eram adequados, e se conservar em épocas e relações posteriores, nas quais suas manifestações, por certo, parecerão estranhas. Tudo isso são apenas insinuações, mas o seu exame cuidadoso revelaria quão importantes elas podem ser para a compreensão do desenvolvimento da cultura.

Para concluir essas discussões, não podemos deixar de fazer uma observação preliminar a investigações posteriores. Se nos aferramos também à igualdade de essência entre a proibição do tabu e a proibição moral, nem por isso queremos contestar que deve haver uma diferenciação psicológica entre uma e outra. Só mesmo uma alteração nas relações da ambivalência fundamental pode ser a causa de a proibição não mais aparecer sob a forma do tabu.

Na abordagem analítica dos fenômenos do tabu, até aqui temos nos deixado guiar pelas demonstráveis correspondências com a neurose obsessiva, mas o tabu não é uma neurose, e, sim, uma formação social; com isso, compete-nos a tarefa de indicar onde buscar a principal diferença entre a neurose e uma criação cultural como é o tabu.

Quero aqui, mais uma vez, tomar um fato isolado como ponto de partida. Entre os primitivos, da transgressão de um tabu teme-se uma punição, o mais das vezes um grave adoecimento ou a morte. Essa punição, consequentemente, ameaça o culpado pela transgressão. Na neurose obsessiva, isso se dá de forma diferente. Se o doente comete algo que lhe é proibido, ele teme a punição não para si, mas para outra pessoa, que, na maioria das vezes, se mantém indeterminada, mas, por meio da análise, é facilmente reconhecida como uma das pessoas que lhe são mais próximas ou mais amadas. O neurótico aí se comporta, portanto, como que de maneira altruísta, e o primitivo, de maneira egoísta. Só mesmo quando a transgressão do tabu não foi vingada espontaneamente no malfeitor é que desperta entre os selvagens um sentimento coletivo de que eles todos estariam ameaçados pelo sacrilégio, e se apressam em eles próprios executar a punição que não se deu. É fácil para nós esclarecer o mecanismo dessa solidariedade. Aqui está em jogo o medo do exemplo contagioso, da tentação à imitação, portanto, da capacidade de infecção do tabu. Se alguém esteve em condições de satisfazer ao desejo recalcado, o mesmo desejo tem de ser estimulado em todos os membros de sua sociedade; a fim de refrear essa tentação, aquele que, no fundo, é invejado tem de ser privado do fruto de sua ousadia, e, não raro, a punição dá aos executores a oportunidade de cometer o mesmo ato sacrílego sob a justificativa da expiação. Tem-se aqui, dessa forma, uma das bases do regime penal humano, e ele tem como premissa, por certo que correta, a homogeneidade das moções proibidas tanto no criminoso como na sociedade vingadora.

A psicanálise corrobora nesse caso o que dizem as pessoas devotas, que somos todos grandes pecadores. Como se deve, então, explicar o inesperado sentido de nobreza da neurose, que não teme nada para si e tudo para uma pessoa querida? A investigação analítica mostra que esse sentido não é primário. Originalmente, ou seja, no início do adoecimento, a ameaça de punição, como se tem entre os selvagens, recaía sobre a própria pessoa; em todo caso, temia-se pela própria vida; apenas mais tarde o medo da morte foi deslocado para outra pessoa, uma pessoa querida. O processo é, até certo ponto, complicado, mas podemos abarcá-lo inteiramente com o olhar. A subjazer à formação da proibição tem-se, via de regra, uma moção maligna — um desejo de morte — contra uma pessoa querida. Essa moção é recalcada mediante uma proibição, a proibição é associada a um certo ato, que substitui a hostilidade contra a pessoa amada mediante um deslocamento, e a execução desse ato é ameaçada com a pena de morte. Mas o processo segue adiante, e o originário desejo de morte da pessoa querida é, dessa maneira, substituído pelo medo de que ela morra. Assim, se a neurose se revela tão ternamente altruísta, com isso ela apenas *compensa* a disposição contrária de um brutal egoísmo que lhe baseia. Se chamarmos de *sociais* as moções de sentimento que, determinadas pela consideração ao outro, não o tomam como objeto sexual, poderemos, como resultado disso, ressaltar como principal traço da neurose, a ser depois encoberto por uma supercompensação, o recuo desses fatores sociais.

Sem nos determos na gênese dessas moções sociais e em sua ligação com outras pulsões fundamentais do ser humano, queremos trazer à luz, com outro exemplo, a segunda característica principal da neurose. Em sua forma de manifestação, o tabu apresenta a maior semelhança com o medo de contato do neurótico, o *délire de toucher*. Nessa neurose, trata-se, frequentemente, da proibição do contato sexual, e a psicanálise mostrou, de forma bastante geral, que as forças impulsionais, desviadas e deslocadas na neurose, têm origem sexual. No tabu, o contato proibido evidentemente não tem apenas significado sexual, e antes, isso sim, o significado mais geral de agarrar, de se apoderar, de fazer valer sua própria pessoa. Se é proibido tocar no chefe ou em algo que esteja em contato com ele, tal proibição coloca uma inibição ao mesmo impulso (*Impuls*) que outras vezes se expressa no monitoramento desconfiado do chefe, mesmo nos maus-tratos físicos a que ele está sujeito antes da coroação (*ver acima*). Com isso, o *predomínio dos componentes impulsionais sexuais sobre os sociais é o fator característico da neurose*. Ocorre que as próprias pulsões sociais surgiram como unidades especiais pela reunião de componentes eróticos e egoístas.

O único exemplo de comparação do tabu com a neurose obsessiva já permite adivinhar qual a relação entre as formas singulares da neurose e as formações da cultura e o motivo de o estudo da psicologia das neuroses ser importante para a compreensão do desenvolvimento da cultura.

As neuroses revelam, por um lado, correspondências notáveis e profundas com as grandes produções sociais da arte, da religião e da filosofia, e, por outro, assemelham-se a distorções dessas produções. Poderíamos ousar afirmar que uma histeria seria uma caricatura de uma criação artística, uma neurose obsessiva, caricatura de uma religião, e um delírio paranoico, caricatura de um sistema filosófico. Essa discrepância remete, em última análise, ao fato de que as neuroses são formações associais; elas buscam conseguir, com meios privados, o que na sociedade surgiu por força do trabalho coletivo. Na análise impulsional das neuroses, fica-se sabendo que nelas as forças impulsionais de origem exercem influência determinante, enquanto as formações culturais correspondentes jazem em pulsões sociais advindas da reunião de componentes egoístas e eróticos. A necessidade sexual não é capaz de reunir os homens como as exigências de autoconservação; a satisfação sexual é, antes de mais nada, questão privada do indivíduo.

Geneticamente, a natureza associal da neurose resulta de sua tendência mais originária de refugiar-se de uma realidade insatisfatória em um mais prazeroso mundo de fantasia. Nesse mundo real evitado pelo neurótico prevalecem a sociedade dos homens e as instituições que eles criaram em conjunto; voltar as costas à realidade é, ao mesmo tempo, uma saída da sociedade humana.

III.
Animismo, magia e onipotência dos pensamentos

1

É uma deficiência inevitável dos trabalhos que se propõem a aplicar pontos de vista da psicanálise a temas das ciências humanas a de oferecer ao leitor, de ambas as áreas, muito pouco. Por isso eles se limitam a incitações, ao especialista fazem propostas para que ele, em seu trabalho, as submeta à consideração. Essa deficiência se fará sentir ao máximo num ensaio que pretende tratar do enorme campo denominado "animismo".[90]

Em sentido estrito, animismo significa a doutrina das representações da alma, e, em sentido lato, significa a doutrina dos seres espirituais de modo geral. Distingue-se ademais do animatismo, doutrina do caráter animado da natureza que se nos manifesta como inanimada, acrescendo-se a ele, aqui, o animalismo e o manismo. O nome "animismo", antes aplicado a um determinado sistema filosófico, parece ter recebido seu significado atual por E. B. Tylor.[91]

O que ocasionou a adoção desse nome foi a compreensão da mais altamente notável concepção de natureza e de mundo da parte dos povos que conhecemos por primitivos, tanto os históricos quanto os que vivem ainda hoje. Eles povoam o mundo com um sem-número de seres espirituais que lhes são benevolentes ou malévolos; atribuem

---

[90]. A necessária concentração do material também implica a renúncia a detalhadas indicações bibliográficas. Em seu lugar se tem a indicação das conhecidas obras de Herbert Spencer, Frazer, A. Lang, Edward Burnett Tylor e Wundt, das quais são extraídas todas as afirmações sobre animismo e magia. A independência do autor só pode se manifestar na seleção de materiais e de pareceres.

[91]. Tylor, *Primitive Culture* [Cultura primitiva], vol. I, 4. ed. 1903, p. 425; Wundt, op. cit., p. 173.

a esses espíritos e demônios a causação dos processos da natureza e tomam não apenas os animais e as plantas, mas também as coisas inanimadas, assim como as por eles animadas. Um terceiro e talvez mais importante fragmento dessa "filosofia da natureza" primitiva parece-nos muito menos chamativo, já que nós mesmos ainda não estamos suficientemente distanciados dele, mesmo que tenhamos limitado bastante a existência de espíritos e hoje expliquemos os processos naturais pela hipótese de forças físicas impessoais. Os primitivos acreditam precisamente numa "animação" semelhante, também, do indivíduo humano. As pessoas possuem almas, que deixam seu domicílio e podem migrar para outros seres humanos; essas almas são as portadoras das atividades espirituais e, até certo grau, independentes dos "corpos". Originalmente, as almas eram representadas como muito semelhantes aos indivíduos, apenas no curso de um longo desenvolvimento tendo se despojado das características do material até atingir um elevado grau de "espiritualização".[92]

A maior parte dos autores inclina-se à hipótese de que essas representações de alma sejam o núcleo originário do sistema animista; de que os espíritos correspondam apenas a almas tornadas independentes; e de que também as almas de animais, plantas e coisas foram formadas em analogia com as almas humanas.

De que modo os homens primitivos chegaram a essas peculiares intuições básicas dualistas, sobre as quais repousa o sistema animista? Acredita-se que pela observação dos fenômenos do sono (juntamente com os do sonho) e da morte, este que ao primeiro tanto se assemelha, e pelo esforço de explicar esses estados que de tão perto concernem a cada indivíduo. Sobretudo o problema da morte teve de se constituir no ponto de partida para a formação da teoria. Para os primitivos, a perduração da vida — a imortalidade — era algo evidente. A representação da morte já é um tanto tardia e recebida apenas de maneira hesitante; mesmo para nós, ela ainda é vazia de conteúdo e impensável. Quanto à participação que na configuração

---

92. Wundt, "Die Seelenvorstellungen" [As representações da alma]. In: Wundt, op. cit., cap. IV.

das doutrinas animistas básicas podem ter tido outras observações e experiências, como as das imagens oníricas, das sombras, imagens especulares e afins, mui vivas discussões têm se dado sem que se chegue a conclusão alguma.[93]

Se o primitivo, ante os fenômenos que incitam a sua atividade reflexiva, reage formando representações da alma e então as transfere para os objetos do mundo externo, seu comportamento é tido por de todo natural e já não traria enigmas. Perante o fato de que as mesmas representações animistas se mostraram concordes entre os mais diferentes povos e em todos os tempos, Wundt expressa que elas "seriam o produto psicológico necessário da consciência mitopoiética, e o animismo primitivo poderia ser considerado a expressão intelectual do *estado humano de natureza*, na medida em que esse seja de algum modo acessível à nossa observação".[94] Já Hume, em sua *Natural History of Religion* [História natural da religião], havia dado a justificativa para a animação do inanimado ao escrever: "*There is an universal tendency among mankind to conceive all beings like themselves and to transfer to every object those qualities with which they are familiarly acquainted and of which they are intimately conscious*" [Existe uma tendência universal entre a humanidade de conceber todos os seres como eles próprios e de transferir para cada objeto aquelas qualidades com as quais estão normalmente familiarizados e das quais estão intimamente conscientes.].[95]

O animismo é um sistema de pensamento; ele não apenas proporciona a explicação de um fenômeno individual, mas também permite que se apreenda a totalidade do mundo ao modo de uma só interconexão, com base em um único ponto. Segundo os autores, no curso dos tempos, a humanidade produziu três de tais sistemas de pensamento, três grandes cosmovisões: a animista (mitológica), a religiosa e a científica. Entre essas, a primeira a ser criada, que foi a

---

93. Ver, além de Wundt e Spencer, os artigos orientadores da *Encyclopaedia Britannica*, 1911 (*animism, mythology*, etc.).
94. Wundt, op. cit., p. 154.
95. Em Tylor, op.cit., vol. I, p. 477.

do animismo, seja talvez a mais consequente e mais exaustiva, a que explica integralmente a essência do mundo. Essa primeira cosmovisão da humanidade é, pois, uma teoria psicológica. Transcenderia em muito nosso propósito mostrar o quanto dela ainda se detecta na vida em nossos dias, seja desvalorizada sob a forma de superstição ou viva como fundamento de nossa linguagem, nossa crença e nosso filosofar.

Recorre-se à sucessão das três cosmovisões quando se diz que o animismo, em si, ainda não é religião, mas contém as precondições com que mais tarde as religiões serão constituídas. Também é óbvio que o mito repouse em premissas animistas; mas as peculiaridades da ligação entre mito e animismo parecem não explicadas em pontos essenciais.

2

Nosso trabalho psicanalítico será mobilizado em outro ponto. Não se deve supor que os homens tenham se animado a criar seu primeiro sistema de mundo com base numa avidez de sabedoria puramente especulativa. A necessidade prática de se apoderar do mundo deve ter tido sua participação nesse esforço. Por isso, não devemos nos admirar ao saber que outra coisa segue de mãos dadas com o sistema animista, qual seja, uma indicação sobre o modo de proceder para exercer poder sobre pessoas, animais e coisas, ou sobre seus respectivos espíritos. Essa indicação, que nos é conhecida pelo nome de "*feitiçaria e magia*", Salomon Reinach[96] quer designar como estratégia do animismo; de minha parte, com Hubert e Mauβ, eu preferiria compará-la a uma técnica.[97]

Pode-se separar conceitualmente feitiçaria e magia? Isso é possível se, com alguma arbitrariedade, se desejar passar por alto as oscilações do uso da linguagem. Assim, a feitiçaria é, em essência,

---

96. "Introduction". In: Salomon Reinach, *Cultes, Mythes et Religions* [Cultos, mitos e religiões], vol. II, 1909, p. XV.
97. *L'anné sociologique* [Anuário sociológico], vol. VII, 1904.

a arte de influenciar os espíritos, tratando-os como, sob as mesmas condições, se tratariam os seres humanos, portanto, poder acalmá-los, apaziguá-los, conquistar a sua simpatia, intimidá-los, privá-los do seu poder, submetê-los à sua vontade mediante os mesmos recursos descobertos como eficazes para as pessoas vivas. Mas a magia é algo diferente; no fundo, ela prescinde dos espíritos e vale-se de recursos especiais, e não de metodologia psicológica trivial. Com facilidade conjecturamos que a magia é a peça mais originária e significativa da técnica animista, já que, entre os recursos com que os espíritos devem ser tratados, encontram-se também recursos mágicos,[98] e a magia encontra seu emprego também em casos nos quais a espiritualização da natureza, ao que nos parece, não foi consumada.

A magia tem de servir às mais variadas intenções, submeter os processos naturais à vontade do homem, proteger o indivíduo contra inimigos e perigos e conferir-lhe o poder de lesar seus inimigos. No entanto, tão notável é o princípio sobre cuja premissa o fazer mágico — ou, antes, o princípio da magia — reside que ele teve de ser conhecido por todos os autores. Se se prescindir do juízo de valor apenso, pode-se expressá-lo da maneira mais sucinta com as palavras de E. B. Tylor: "*mistaking an ideal connexion for a real one*" [confundir uma conexão ideal com uma conexão real]. Queremos explicar esse traço característico recorrendo a dois grupos de ações mágicas.

Um dos procedimentos mágicos mais difundidos para lesar um inimigo consiste em fazer uma imagem fiel dele com um material qualquer. A semelhança importa pouco. Também se pode "nomear" um objeto qualquer como sua imagem. O que se faz a essa imagem fiel, o mesmo se passará também com o odiado modelo; se se fere a primeira em alguma parte de seu corpo, neste último se terá o mesmo adoecimento. Essa mesma técnica mágica pode ser aplicada a serviço

---

98. Quando se afugenta um espírito com ruídos e gritos, aí se tem um ato de pura feitiçaria; quando se o coage, apoderando-se de seu nome, então se usou magia contra ele.

de uma devoção, em vez de a uma hostilidade privada, e com isso vir em auxílio aos deuses contra demônios maus. Eu cito Frazer:[99]

> Toda noite, quando o deus do sol Ra (no Antigo Egito) descia à sua morada no incandescente poente, tinha de travar uma luta encarniçada com uma legião de demônios, que sobre ele se abatiam sob a condução de seu arqui-inimigo Apepi. Lutava com eles a noite inteira, e, com frequência, as forças das trevas eram suficientemente fortes para, ainda durante o dia, enviar nuvens escuras ao céu azul, estas que debilitavam a força de Ra e detinham a sua luz. Para ajudar o deus, todos os dias realizava-se em seu templo, em Tebas, a seguinte cerimônia: fazia-se em cera uma imagem de seu inimigo Apepi sob a forma de um hediondo crocodilo ou de uma serpente longamente anelada, e, nessa imagem, se escrevia o nome do demônio com tinta verde. Envolta por um revestimento de papiro, sobre o qual se fizera desenho parecido, a figura era enrolada com cabelos pretos, o sacerdote lhe cuspia em cima, era cavoucada com uma faca de pedra e lançada ao chão. Então se lhe pisoteava com o pé esquerdo e, por fim, se a queimava num fogo alimentado com determinadas plantas. Depois que Apepi fosse dessa forma eliminado, o mesmo acontecia com todos os demônios de seu séquito. Esse ofício religioso, durante o qual era preciso recitar certos ditos, era repetido não apenas pela manhã, às tardes e às noites, mas também a qualquer momento, quando uma tempestade se anunciasse, quando caísse um violento aguaceiro ou quando nuvens negras encobrissem o disco solar no céu. Os malignos inimigos sentiam o castigo que sucedia a suas imagens como se eles próprios dele tivessem padecido; eles fugiam, e o deus do sol de novo triunfava.[100]

Da inabarcável abundância de atos de magia com análoga fundamentação, quero ressaltar, ainda, apenas dois, que, entre os povos

---

99. "The Magic Art", vol. II, p. 67. In: Frazer, 1911.
100. A proibição bíblica de se fazer imagens de algo vivo por certo não advinha de nenhum rechaço por princípio da arte figurativa, mas devia privar a magia, proibida pela religião hebraica, de um de seus instrumentos. Ibidem, p. 87, nota.

primitivos de todos os tempos, exerceram um importante papel e, em parte, se mantiveram no mito e no culto de estágios evolutivos superiores, quais sejam, os tipos de magia para a produção da chuva e para estimular fertilidade. Faz-se chover pela via mágica quando se imita a chuva ou também quando se imitam, por exemplo, as nuvens ou a tempestade que a produzem. Tudo se passa como se se quisesse "brincar de chover". Os ainos do Japão, por exemplo, fazem chover do seguinte modo: parte deles verte água com grandes peneiras, enquanto outro grupo provê com velas e remos uma grande tigela, como se fosse um navio, e com ela assim vagueiam pela aldeia e pelas hortas. A fertilidade do solo era garantida de maneira mágica ao encenar-se o espetáculo de uma relação sexual humana. Um exemplo, em vez de uma infinidade deles: em muitas partes de Java, quando se aproxima a época da floração do arroz, camponês e camponesa dirigem-se à noite aos campos, a fim de estimular a fertilidade do arroz por meio do exemplo que lhe dão.[101] Em contrapartida, de relações sexuais incestuosas proibidas se teme que provoquem malformações e a infertilidade do solo.[102]

Certos preceitos negativos — precauções mágicas, portanto — também devem se perfilar a esse primeiro grupo. Quando uma parte dos habitantes de uma aldeia *dayak* sai à caça de javalis, aos que permanecem na aldeia não é permitido tocar nem óleo nem água com as mãos, ou, então, os dedos dos caçadores amoleceriam e deixariam a presa deslizar-lhes pelas mãos.[103] Ou, quando um caçador *gilyak* persegue um animal selvagem pelas florestas, seus filhos em casa ficam proibidos de fazer desenhos na madeira ou na areia, pois as trilhas na floresta fechada poderiam se entrelaçar como as linhas do desenho, de modo que o caçador não encontrasse o caminho para casa.[104]

---

101. Ibidem, p. 98.
102. Uma ressonância disso se tem no *Édipo rei*, de Sófocles.
103. Frazer, "The Magic Art", vol. I, p. 120. In: Frazer, 1911.
104. Ibidem, p. 122.

Se, nesses últimos como em tantos outros exemplos de efeito mágico, a distância não desempenha papel algum, a telepatia sendo assim admitida como algo evidente, também a compreensão dessa propriedade da magia não nos oferecerá dificuldade nenhuma.

Não se terá dúvida sobre o que se considera eficaz em todos esses exemplos. É a *semelhança* entre o ato realizado e o acontecimento esperado. Por isso Frazer chama essa espécie de magia de *imitativa* ou *homeopática*. Se eu quiser que chova, preciso apenas fazer algo que se pareça com a chuva ou que lembre a chuva. Numa fase posterior do desenvolvimento cultural, em vez desse enfeitiçamento mágico para fazer chover, serão promovidas procissões religiosas para um templo a fim de implorar por chuva aos santos que lá residam. Por fim, também a essa técnica religiosa se renunciará, buscando-se pelos efeitos na atmosfera que podem produzir a chuva.

Em outro grupo de atos mágicos, o princípio da semelhança não mais entra em linha de conta, para tanto se tendo outro, que surge facilmente dos exemplos a seguir.

Para lesar um inimigo, pode-se servir também de outro procedimento, apoderar-se de seus cabelos, de suas unhas, de seus detritos ou mesmo de parte de suas vestes e fazer algo hostil a essas coisas. Então, é exatamente como se se tivesse se apoderado da própria pessoa, e o que é feito às coisas que provêm da pessoa a ela própria sucederá. Entre os componentes essenciais de uma personalidade estão, segundo a concepção dos primitivos, o seu nome; assim, quando se sabe o nome de uma pessoa ou de um espírito, adquire-se um certo poder sobre o portador do nome. Daí se ter as curiosas precauções e restrições no uso dos nomes, que foram arroladas no ensaio sobre o tabu. É evidente que, nesses exemplos, a semelhança é substituída pela *afinidade*.

O canibalismo dos primitivos deriva sua motivação mais sublime de modo semelhante. Se, mediante o ato de ingerir, o indivíduo assimila partes do corpo de uma pessoa, ele também se apropria das qualidades que pertenceram a essa pessoa. Seguem-se daí precauções e restrições de dieta sob circunstâncias especiais. Durante a gravidez, uma mulher evitará comer a carne de certos animais, pois qualidades indesejadas destes — por exemplo, a covardia — poderiam ser transmitidas ao filho que com ela se nutre. Para o efeito mágico, não faz a menor diferença a conexão já ter sido desfeita ou ter consistido num único e significativo contato. Assim, por exemplo, a crença num vínculo mágico que atrela o destino de um ferimento ao da arma que o provocou pode ser seguida por milênios, mantendo-se inalterada. Quando um melanésio se apodera do arco pelo qual foi ferido, ele o guarda cuidadosamente num local fresco, para, dessa forma, deter a inflamação do ferimento. Mas, se o arco se mantiver com o inimigo, por certo que ele ficará pendurado o mais próximo de uma fogueira, para que, com isso, a ferida justamente se inflame e arda. Em sua *História natural*, livro XXVIII, Plínio aconselha, para o caso de alguém se arrepender por ter ferido outrem, cuspir na mão que provocou o ferimento; a dor de quem foi ferido é, assim, logo aliviada. Em sua *História natural*, Francis Bacon menciona a crença universalmente válida de que o unguento de uma arma que provocou um ferimento faria curar esse ferimento. Os camponeses ingleses, segundo se diz, ainda hoje se tratam com essa receita, e se tiverem se cortado com uma foice, dali em diante o instrumento tem de ser mantido limpo, para que o ferimento não supure. Em junho do ano de 1902, segundo informou um semanário local inglês, uma mulher de nome Matilda Henry, de Norwich, por acidente cravou um prego de ferro na sola do pé. Sem fazer com que se examinasse o ferimento, sem nem mesmo tirar a meia, chamou a filha para besuntar bem o prego, esperando que com esse procedimento nada lhe acontecesse. Morreu alguns dias depois, de tétano,[105] em consequência dessa assepsia deslocada.

 Os exemplos do último grupo esclarecem a distinção, por Frazer, entre magia *contagiosa* e *imitativa*. O que nelas é pensado como eficaz já não é a semelhança, mas, sim, a conexão no espaço, a *contiguidade*, ou, ao menos, a contiguidade representada, a lembrança de sua

---

105. Frazer, "The Magic Art", vol. I, p. 201-203. In: Frazer, 1911.

existência. Mas, uma vez que semelhança e contiguidade são ambas princípios essenciais dos processos de associação, como explicação para toda a insanidade dos preceitos mágicos tem-se, efetivamente, o domínio da associação de ideias. Vê-se o quão certeira se revela a característica da magia acima referida por E. B. Tylor: *"mistaking an ideal connexion for a real one"* [tomando equivocadamente uma conexão ideal por uma real], ou, como expressou Frazer em termos muito semelhantes: *"men mistook the order of their ideas for the order of nature, and hence imagined that the control which they have, or seem to have, over their thoughts, permitted them to exercise a corresponding control over things"* [os homens tomaram equivocadamente a ordem de suas ideias pela ordem da natureza, e, como consequência disso, imaginaram que o controle que detêm, ou parecem deter, sobre seus pensamentos permitiu a eles exercer um controle correspondente sobre as coisas].[106]

De início causará estranheza que essa esclarecedora explicação da magia possa ser rejeitada como insatisfatória por muitos autores.[107] Porém, com uma reflexão mais detida, deve-se dar razão à objeção de que a teoria da associação da magia meramente esclarece o caminho tomado pela magia, mas não a sua real essência, e isso significa que ela não esclarece o mal-entendido que a leva a inserir leis psicológicas no lugar de leis naturais. É evidente que aqui se faz necessário um fator dinâmico, mas, enquanto a busca por tal fator confunde os críticos da teoria de Frazer, torna-se fácil dar uma explicação satisfatória para a magia, bastando apenas continuar e aprofundar a sua teoria da associação.

Consideremos primeiramente o caso, mais simples e significativo, da magia imitativa. Segundo Frazer, ela só pode ser exercida na medida em que a magia contagiosa, via de regra, pressupõe a imitativa.[108] Os motivos que impelem ao exercício da magia são fáceis

---

106. Ibidem, p. 420 ss.
107. Ver o artigo *Magic* (N.W.T.) na 11ª edição da *Encyclopaedia Brittanica*.
108. Frazer, "The Magic Art", vol. I, p. 54. In: Frazer, 1911.

de reconhecer — são os desejos das pessoas. Precisamos, então, apenas supor que o homem primitivo tem imensa confiança no poder de seus desejos. No fundo, tudo o que ele produz por via mágica só acontece porque ele o deseja. Assim, o que de início se destaca é meramente o seu desejo.

Quanto à criança, que se encontra sob condições psíquicas análogas, mas ainda não provida de capacidade motora, em outro texto esposamos a hipótese de que, primeiramente, ela satisfaz seus desejos de maneira alucinatória, uma vez que a situação satisfatória é produzida por meio das excitações centrífugas de seus órgãos dos sentidos.[109] Para o adulto primitivo tem-se outro caminho. De seu desejo depende um impulso motor, que é a vontade, e esta — que mais tarde modificará a face da Terra a serviço da satisfação de seus desejos — é agora empregada para figurar a satisfação, de modo que se possa vivenciá-la, por assim dizer, mediante alucinações motoras. Tal *figuração* do desejo satisfeito é de todo comparável à *brincadeira* de crianças, que nelas substitui a técnica da satisfação puramente sensorial. Se a brincadeira e a figuração imitativa são o que basta para a criança e para o primitivo, esse não é um sinal de modéstia no sentido que damos à palavra ou de resignação pelo reconhecimento de sua real impotência, mas da consequência bastante compreensível da valorização preponderante de seu desejo, da vontade que dele depende e dos caminhos tomados por tal desejo. Com o tempo, a ênfase psíquica se desloca dos motivos do ato mágico para os seus recursos, para o próprio ato. Talvez disséssemos mais corretamente que só mesmo esses recursos tornam evidente, para o primitivo, a superestimação de seus atos psíquicos. Ao que parece, não é outra coisa senão o ato mágico que, por força de sua semelhança com o desejado, impõe a sua ocorrência. No estágio de pensamento animista, ainda não se tem oportunidade alguma

---

109. "Formulierungen über die zwei Prinzipien des psychischen Geschehens" [Formulações sobre os dois princípios do processo psíquico]. *Jahrbuch für psychoanalytische Forschungen* [Anuário de pesquisa psicanalítica], vol. III, 1912, p. 2 (*Gesammelte Werke*, vol. VIII).

de demonstrar objetivamente o verdadeiro estado de coisas. Essa oportunidade talvez se apresente mais tarde, quando todos os tais procedimentos ainda estiverem sendo cultivados, com o fenômeno psíquico da dúvida já sendo possível como expressão de uma tendência ao recalque. Os seres humanos, desse modo, vão admitir que as invocações de espíritos nada conseguem sem a crença neles, e que mesmo a força mágica da oração fracassa se, por trás dela, não estiver agindo a devoção.[110]

A possibilidade de uma magia contagiosa baseada na associação por contiguidade nos mostrará, então, que a valoração psíquica se expandiu do desejo e da vontade para todos os atos psíquicos que estão à disposição desta última. Tem-se agora uma superestimação generalizada dos processos psíquicos, isto é, uma atitude diante do mundo que a nós, segundo nosso entendimento da relação entre realidade e pensamento, deve parecer como uma superestimação desse último. As coisas são relegadas em relação a suas representações; o que se fizer com estas últimas deve se dar, do mesmo jeito, com as primeiras. As relações que se têm entre as representações são pressupostas também entre as coisas. Uma vez que o pensamento não conhece qualquer distanciamento, o mais distante no espaço, como o mais diferenciado no tempo, sendo facilmente unido por um único ato de consciência, também o mundo mágico telepaticamente se sobrepõe à distância espacial, e uma conexão passada é tratada como atualmente presente. No período animista, a imagem especular do mundo interior tem de tornar invisível aquela outra imagem do mundo que cremos detectar.

Devemos ressaltar, a propósito, que ambos esses princípios de associação — semelhança e contiguidade — encontram-se na unidade mais elevada do *contato*. A associação por contiguidade é o contato em sentido direto, a associação por semelhança o é em

---

110. O rei em *Hamlet* (III, 4): "*My words fly up, my thougths remain below; / Words without thougths never to heaven go*" [Minhas palavras voam, meus pensamentos se mantêm cá embaixo; / Palavras sem pensamentos nunca vão aos céus].

sentido figurado. Uma identidade ainda não apreendida por nós no processo psíquico possivelmente se faz garantir pelo uso da mesma palavra para ambos os tipos de ligação. É a mesma extensão do conceito do contato que se verifica na análise do tabu.[111]

De forma resumida, podemos assim dizer: o princípio que rege a magia, a técnica do modo de pensar animista, é o da "onipotência dos pensamentos".

3

A designação "onipotência dos pensamentos", eu a tomei de um homem altamente inteligente, que padecia de ideias obsessivas e que, com seu restabelecimento tornado possível pelo tratamento psicanalítico, deu provas também de sua capacidade e de seu bom senso.[112] Ele cunhou esse termo para fundamentar todos aqueles acontecimentos curiosos e sinistros que pareciam persegui-lo, bem como a outros afetados pela mesma doença. Se ele acabasse de pensar em uma pessoa, eis que esta já aparecia vindo até ele, como se a tivesse invocado; se, de repente, ele perguntasse como estava um conhecido que havia muito não encontrava, tinha de ouvir que este acabara de falecer, de modo que podia crer que o conhecido tinha se feito notar telepaticamente a ele; se rogasse uma praga a um estranho, mesmo que não a levasse muito a sério, podia esperar que este logo morreria e sobre ele pesaria a responsabilidade por seu falecimento. Durante o tratamento, ele próprio pôde me informar sobre a maioria desses casos, como se produzira a impressão ilusória, e o que ele mesmo pusera nessas manifestações para se fortalecer em suas expectativas supersticiosas.[113] Todos os doentes obsessivos são supersticiosos desse modo, o mais das vezes, contra o seu melhor entendimento.

---

111. Ver o ensaio anterior desta série.
112. "Observações sobre um caso de neurose obsessiva", 1909 (*Gesammelte Werke*, vol. VII).
113. Parece que emprestamos o caráter do "sinistro" a tais impressões, que pretendem atestar, sobretudo, a onipotência dos pensamentos e o modo de pensar animista, enquanto, em nosso juízo, nós deles já nos distanciamos.

A persistência da onipotência dos pensamentos é encontrada com a máxima clareza na neurose obsessiva, e os resultados desse modo primitivo de pensar encontram-se nela o mais próximo possível da consciência. No entanto, temos de nos resguardar de avistar aí um traço distintivo dessa neurose, já que a investigação analítica descobre esse mesmo traço nas outras neuroses. Em todas elas, o decisivo para a formação de sintomas não é a realidade do vivenciado, mas, sim, a realidade do pensamento. Os neuróticos vivem num mundo peculiar, no qual, como expressei em outra passagem, vale apenas a "moeda neurótica", e isso significa que neles o eficaz é tão somente o intensivamente pensado, o representado com afeto, cuja concordância com a realidade externa, porém, é insignificante. O histérico repete em seus ataques e fixa mediante seus sintomas vivências que se deram apenas em sua fantasia, ainda que, em última instância, remontem a acontecimentos reais ou estejam sobre eles edificadas. A consciência de culpa dos neuróticos seria igualmente mal compreendida se se quisesse remetê-la a delitos reais. Um neurótico obsessivo pode ser oprimido por uma consciência de culpa que conviria bem a um assassino em série; com isso, ele se comportará com seus próximos como o camarada mais atencioso e escrupuloso, e assim se comportou desde a sua infância. No entanto, o seu sentimento de culpa está fundado; ele se assenta nos desejos de morte intensos e frequentes, que nele são inconscientemente estimulados contra seus próximos. Tal sentimento está fundado na medida em que pensamentos inconscientes e atos não intencionais entram em consideração. Com isso, a onipotência dos pensamentos, a superestimação dos processos psíquicos ante a realidade, revela-se irrestritamente em ação na vida afetiva do neurótico e em todas as consequências que dela derivam. No entanto, se o submetermos ao tratamento psicanalítico, que torna consciente o que é nele inconsciente, ele não poderá crer que os pensamentos são livres, e a todo momento temerá manifestar desejos malignos, como se eles tivessem de ser satisfeitos como consequência dessa manifestação. Ocorre que, por esse comportamento, como pelas superstições atuantes em sua vida, ele nos revela quão próximo está do selvagem, que, mediante seu mero pensamento, imagina alterar o mundo externo.

Na verdade, as ações obsessivas primárias desses neuróticos são de natureza inteiramente mágica. Quando não feitiços, elas são contrafeitiços destinados à defesa contra as expectativas de infortúnio, com as quais a neurose costuma se iniciar. Todas as vezes em que consegui penetrar o mistério, revelou-se que essa expectativa de infortúnio tinha a morte como conteúdo. Segundo Schopenhauer, o problema da morte se situa no começo de toda filosofia; ficamos sabendo que também a formação das representações da alma e a da crença nos demônios, que caracterizam o animismo, remetem à impressão que a morte produz no ser humano. É difícil avaliar se essas primeiras ações obsessivas e protetoras seguem o princípio da semelhança — ou, antes, o do contraste —, pois, sob as condições da neurose, tais ações são comumente desfiguradas pelo deslocamento a algo reduzidíssimo, a uma ação em si mesma altamente insignificante.[114] Também as fórmulas de proteção da neurose obsessiva encontram sua contraparte nas fórmulas enfeitiçadoras da magia. Mas é possível descrever a história de desenvolvimento das ações obsessivas ao se realçar o modo como elas, à máxima distância do sexual, iniciam-se como um feitiço contra desejos malignos, para terminar como sucedâneo de atividades sexuais proibidas, que elas imitam com a maior fidelidade possível.

Se aceitarmos a história récem-referida do desenvolvimento das cosmovisões humanas, nas quais a fase *animista* é substituída pela *religiosa*, e esta pela *científica*, não nos será difícil seguir os destinos da "onipotência dos pensamentos" ao longo dessas fases. No estágio animista, o homem a si mesmo atribui a onipotência; no religioso, ele a cede aos deuses, entretanto, sem renunciá-la seriamente, pois, por múltiplas influências, reserva-se a possibilidade de conduzir os deuses segundo seus desejos. Na cosmovisão científica, já não há espaço

---

114. Outro motivo para esse deslocamento a uma ação ínfima será apresentado nas elucidações a seguir.

para a onipotência do homem; ele se reconheceu em sua pequenez e, resignado, submeteu-se à morte, como a todas as demais necessidades naturais. Porém, na confiança que se tem no poder do espírito humano, que leva em conta as leis da realidade, sobrevive parte da primitiva crença na onipotência.

Ao rastrearmos o desenvolvimento das tendências libidinosas no indivíduo, de sua configuração na maturidade até os seus primórdios na infância, surge, antes de mais nada, uma diferenciação importante, que consta nos *Três ensaios sobre a teoria da sexualidade*, de 1905. As manifestações das pulsões sexuais dão-se a conhecer desde o início, mas, num primeiro momento, ainda não se dirigem a objeto externo algum. Os componentes impulsionais individuais da sexualidade trabalham cada qual para si na obtenção do prazer, e encontram a sua satisfação no próprio corpo. Esse estágio se chama estágio do *autoerotismo*, que é substituído pelo da *escolha de objeto*.

Ao se avançar no estudo, mostrou-se adequado e mesmo indispensável interpor entre ambos esses estágios um terceiro ou, se se quiser, decompor em dois o primeiro estágio do autoerotismo. Nesse estágio intermediário, cuja importância cada vez mais se impõe à investigação, as pulsões sexuais antes separadas estão já associadas numa unidade, como também já encontraram um objeto; ocorre que esse objeto não é nenhum objeto externo, estranho ao indivíduo, mas, sim, é o próprio eu constituído por volta desse período. Considerando as fixações patológicas desse estado, observáveis num momento posterior, ao novo estágio chamamos de estágio do *narcisismo*. A pessoa se comporta como se estivesse apaixonada por si mesma; nossa análise ainda não pode separar as pulsões do eu e os desejos libidinosos.

Embora ainda não nos seja possível uma caracterização suficientemente precisa desse estágio narcisista, no qual as pulsões sexuais até então dissociadas se reúnem numa unidade, investindo o eu como objeto, nós já suspeitamos de que a organização narcísica não mais será de todo abandonada. O ser humano se mantém em certa medida narcisista, mesmo após ter encontrado objetos externos para a sua libido; os investimentos de objeto que ele realiza são como emanações da libido que se manteve no eu e podem novamente ser nela recolhidos. Os estados psicologicamente tão notáveis de estar apaixonado, que são os modelos normais das psicoses, correspondem ao estado mais elevado dessas emanações, em comparação com o nível do amor ao eu.

Faz-se natural, então, relacionar com o narcisismo, e apreender como sua porção essencial, a elevada estima — que, de nosso ponto de vista, chamamos de superestimação — que os primitivos e os neuróticos têm dos atos psíquicos. Diríamos que, entre os primitivos, o pensamento ainda é sexualizado em alta medida; advém daí a crença na onipotência dos pensamentos, a inabalável confiança na possibilidade de um domínio do mundo e a impermeabilidade em relação às experiências, que, fáceis de fazer, poderiam instruir o homem sobre a sua real posição no mundo. Nos neuróticos, por um lado, parte considerável dessa atitude primitiva se manteve em sua constituição; por outro, o recalque sexual, que neles se produz, ocasionou uma nova sexualização dos processos de pensamento. Em ambos os casos, as consequências psíquicas têm de ser as mesmas, seja o superinvestimento libidinal do pensamento originário ou alcançado pela via regressiva: narcisismo intelectual, onipotência dos pensamentos.[115]

Se nos for permitido ver na demonstração da onipotência dos pensamentos entre os primitivos um testemunho em favor do narcisismo, podemos ousar o experimento de comparar os estágios de desenvolvimento da cosmovisão humana com os estágios do desenvolvimento libidinal do indivíduo. Desse modo, tanto quanto à cronologia como quanto ao conteúdo, a fase animista corresponderia ao narcisismo, a religiosa, ao grau de encontro do objeto caracterizado

---

115. "*It is almost an axiom with writers on this subject, that a sort of Solipsism or Berkeleianism (as Professor Sully terms it as he finds it in the child) operates in the savage to make him refuse to recognize death as a fact.*" [É quase um axioma entre autores que versam sobre esse assunto o de que uma espécie de solipsismo ou berkelianismo (como o professor Sully o nomeia, quando o encontra na criança) opera no selvagem para fazê-lo se recusar a reconhecer a morte como um fato]. Robert Rudolph Marett, "Pre-animistic Religion" [Religião pré-animista]. *Folklore* [Folclore], vol. XI. Londres, 1900, p. 178.

pela vinculação com os pais, enquanto a fase científica teria seu pleno correspondente no estado de maturidade do indivíduo que renunciou ao princípio do prazer e, em adaptação à realidade, busca o seu objeto no mundo externo.[116]

Somente em um âmbito, o da arte, a "onipotência dos pensamentos" conservou-se também em nossa cultura. Só mesmo na arte ainda se tem que um homem consumido por desejos proceda de modo semelhante à satisfação, e que esse jogar — graças à ilusão artística — provoque efeitos afetivos, como se fosse algo real. É com razão que se fala no enfeitiçamento da arte e se compara o artista a um feiticeiro. Mas é possível que essa comparação seja mais significativa do que pretende ser. A arte, que certamente não se iniciou como *l'art pour l'art* [arte pela arte], em sua origem esteve a serviço de tendências que hoje, em grande parte, se extinguiram. Entre elas, pode-se conjecturar toda a sorte de propósitos mágicos.[117]

4

A primeira concepção de mundo a que os homens chegaram, a do animismo, foi, portanto, uma concepção psicológica, e ainda não necessitava de ciência alguma como fundamento, pois a ciência só se inicia quando alguém entende que não conhece o mundo e que,

---

116. Aqui deve ser assinalado que o narcisismo original da criança é decisivo para a compreensão do desenvolvimento de seu caráter, e isso exclui a hipótese de um primitivo sentimento de inferioridade nela presente.

117. Reinach, "L'art et la magie" [A arte e a magia]. In: Reinach, op. cit., vol. I, p. 125-136. Segundo Reinach, os artistas primitivos, que nos legaram figuras de animais gravadas ou pintadas nas cavernas da França, não queriam "provocar agrados", mas, sim, "invocar". Ele explica, assim, que esses desenhos se encontram nas partes mais escuras e inacessíveis das cavernas, e que, entre eles, faltam as representações dos temidos animais predadores. "*Les modernes parlent souvent, par hyperbole, de la magie du pinceau ou du ciseau d'un gran artiste et, en général, de la magie de l'art. Entendu au sens propre, qui est celui d'une contrainte mystique exercée par la volonté de l'homme sur d'autres volontés ou ser les choses, cette expression n'est plus admissible; mais nous avons vu qu'elle était autrefois rigoureusement vraie, du moins dans l'opinion des artistes*" [Os modernos falam muito, por hipérbole, da magia do pincel ou do cinzel de um grande artista e, em geral, da magia da arte. Entendido no sentido próprio, que é o de uma coerção mística exercida pela vontade do homem sobre outras vontades ou sobre as coisas, essa expressão já não é admissível; mas vimos que outrora ela era rigorosamente verdadeira, ao menos na opinião dos artistas] (p. 136).

por isso, tem de buscar caminhos para conhecê-lo. Mas o animismo era, para o homem primitivo, algo natural e autoevidente; ele sabia como são as coisas no mundo, ou seja, são como o homem sente a si mesmo. Por esse motivo, estamos preparados para descobrir que o homem primitivo transferia condições estruturais de sua própria psique para o mundo externo,[118] e, por outro lado, estamos autorizados a intentar restituir para o psiquismo humano o que o animismo nos ensina sobre a natureza das coisas.

A técnica do animismo, que é a magia, mostra-nos da maneira mais clara e menos contaminada a intenção de impor às coisas reais as leis da vida psíquica, e os espíritos ainda não têm de desempenhar aí papel algum, enquanto igualmente podem ser tomados como objetos de tratamento mágico. Portanto, as premissas da magia são mais originárias e mais antigas que as da doutrina dos espíritos, que compõem o cerne do animismo. Nossa abordagem psicanalítica coincide, aqui, com uma teoria de Robert Ranulph Marett, que faz preceder ao animismo um estado *pré-animista*, cujo caráter é mais nitidamente sugerido pelo nome de *animatismo* (doutrina da animação universal). Há um pouco mais a se dizer, por experiência, acerca do pré-animismo, uma vez que ainda não se encontrou povo algum que tenha prescindido de representações dos espíritos.[119]

Enquanto a magia ainda reserva aos pensamentos toda a onipotência, o animismo cedeu parte dessa onipotência aos espíritos, e, com isso, percorreu o caminho para a formação de uma religião. Ora, o que deve ter movido o primitivo para essa primeira operação de renúncia? Dificilmente a percepção da incorreção de suas premissas, visto que ele conserva, sim, a técnica mágica.

Conforme o indicado em outra passagem, os espíritos e demônios nada são além de projeções das moções de sentimento do primitivo;[120] ele converte em pessoas os seus investimentos de afeto,

---

118. Reconhecidas pela assim chamada percepção endopsíquica.
119. Marett, op. cit., n. 2. Cf. Wundt, op. cit., p. 171 ss.
120. Nós supomos que, nesse precoce estágio narcisista, investimentos de fontes de excitação libidinais e outras talvez ainda estejam reunidas sem se diferenciar.

com eles povoa o mundo e então reencontra no mundo externo os seus processos psíquicos interiores, de modo muito semelhante ao do espirituoso paranoico Daniel Paul Schreber, que encontrou as ligações e saídas de sua libido refletidas nos destinos dos "raios de deus" por ele combinados.[121]

Queremos, aqui, assim como numa ocasião anterior,[122] esquivarmo-nos do problema sobre de onde viria a propensão a projetar processos psíquicos para fora. Mas podemos ousar uma única hipótese, a de que essa propensão experimenta um reforço ali onde a projeção traz consigo a vantagem de um alívio psíquico. Tal vantagem pode ser esperada com firmeza quando as moções que aspiram à onipotência entram em conflito entre si; evidencia-se, dessa forma, que nem todas poderão ser tornar onipotentes. O processo de adoecimento da paranoia serve-se efetivamente do mecanismo de projeção, a fim de resolver os conflitos surgidos na vida psíquica. O caso paradigmático de tal conflito é aquele entre os dois elementos de um par de opostos, o caso da atitude ambivalente que decompomos em pormenor na situação do luto pela morte de um ente querido. Esse caso nos parecerá especialmente adequado para motivar a criação de figuras projetivas. Tornamos a coincidir aqui com as posições de autores que entendem os maus espíritos como os primogênitos entre os espíritos e derivam a gênese das representações de alma da impressão que a morte provoca nos que sobrevivem. A única diferença com relação à nossa posição está no fato de que não damos precedência ao problema intelectual que a morte deixa para os vivos, mas transferimos a força que impele a pesquisa ao conflito de sentimentos que essa situação precipita nos que sobrevivem.

A primeira realização teórica do homem — a criação dos espíritos — proviria, desse modo, das mesmas fontes que as primeiras

---

121. Daniel Paul Schreber, *Denkwürdigkeiten eines Nervenkranken* [Memórias de um doente dos nervos]. 1903. Freud, *Psychoanalytische Bemerkungen über einen autobiographisch beschriebenen Fall von Paranoia* [Observações psicanalíticas sobre um caso de paranoia descrito no âmbito autobiográfico], 1911 (*Gesammelte Werke*, vol. VIII).
122. Ver o ensaio sobre Schreber acima referido (*Gesammelte Werke*, vol. VIII).

restrições morais a que ele se submete, que são os preceitos do tabu. No entanto, a igualdade de origem não deve condicionar em nada a simultaneidade da gênese. Se foi efetivamente a condição do que sobrevive diante do morto o que tornou o homem primitivo pensativo pela primeira vez, forçando-o a ceder parte de sua onipotência aos espíritos e a sacrificar um tanto do livre-arbítrio de seu agir, essas criações culturais seriam, dessa maneira, um primeiro reconhecimento da *Ανάγκη* [necessidade], que se contrapõe ao narcisismo humano. O primitivo se curvaria à preponderância da morte com o mesmo gesto com que parece desmenti-la.

Se tivermos a coragem de continuar a tirar partido de nossas premissas, poderemos perguntar qual porção essencial de nossa estrutura psicológica encontra seu reflexo e retorno na criação projetiva de almas e espíritos. Ora, será difícil contestar que a representação primitiva da alma, por divergente que seja da alma posterior, de todo imaterial, no essencial coincide com esta, ou seja, a representação primitiva concebe uma pessoa ou coisa como algo dual, entre cujos dois componentes encontram-se divididas as propriedades e as alterações conhecidas do todo. Essa dualidade original — segundo expressão de Herbert Spencer[123] — já é idêntica ao dualismo que se anuncia na separação, corrente entre nós, de espírito e corpo, e cujas indestrutíveis manifestações linguísticas reconhecemos, por exemplo, na descrição de quem está desmaiado ou furioso: "está fora de si".[124]

O que assim projetamos na realidade externa, de modo semelhante ao que faz o primitivo, dificilmente há de ser outra coisa que não o discernimento de um estado em que uma coisa, dada aos sentidos e à consciência, está *presente*, junto a ela existindo outro estado de coisas no qual ela está *latente*, podendo, porém, reaparecer; a coexistência, portanto, entre perceber e lembrar, ou, expandindo-o para termos gerais, a existência de processos psíquicos

---

123. Herbert Spencer, no volume I de *The Principles of Sociology* [Os princípios da sociologia].
124. Ibidem, p. 179.

inconscientes junto aos *conscientes*.[125] Seria possível dizer que o "espírito" de uma pessoa ou de uma coisa se reduz, em última análise, à sua capacidade de ser lembrada e representada quando está subtraída da percepção.

Por certo que não se pode esperar nem da representação primitiva de "alma" nem da atual que a sua delimitação em relação a outras partes siga as linhas que a ciência de nossos dias traça entre atividade psíquica consciente e inconsciente. Em vez disso, a alma animista reúne em si disposições de ambos os lados. Sua fluidez e mobilidade, sua capacidade de deixar o corpo para tomar posse de outro corpo, de forma permanente ou passageira, são traços característicos que inconfundivelmente lembram a essência da consciência. Mas o modo como ela se mantém oculta por trás da aparência pessoal faz recordar o inconsciente; hoje em dia, não mais atribuímos a imutabilidade e indestrutibilidade aos processos conscientes, mas, sim, aos inconscientes, e também estes consideramos os genuínos portadores da atividade psíquica.

Dissemos acima que o animismo seria um sistema de pensamento, a primeira teoria completa sobre o mundo, e agora queremos extrair algumas consequências do entendimento psicanalítico de um tal sistema. A experiência de nosso cotidiano pode sempre de novo nos fazer ver as principais características do "sistema". Sonhamos à noite e aprendemos a interpretar o sonho de dia. O sonho pode, sem negar sua natureza, parecer confuso e incoerente, mas também pode, ao contrário, imitar a ordem das impressões de uma vivência, derivar um episódio de outro e relacionar uma parte e outra de seu conteúdo. Parece consegui-lo melhor ou pior, quase nunca o consegue de maneira plena a ponto de não aparecer em alguma parte um absurdo, um rasgo na trama. Quando submetemos o sonho à interpretação, ficamos sabendo que também a disposição inconstante e

---

125. Ver meu pequeno escrito "A note on the Unconscious in Psycho-Analysis" [Uma nota sobre o inconsciente na psicanálise]. *Proceedings of the Society for Psychical Research*, parte LXVI, vol. XXVI. Londres, 1912 (*Gesammelte Werke*, vol. VIII).

desigual dos componentes oníricos é algo de bem pouca importância para a compreensão do sonho. O essencial no sonho são os pensamentos oníricos, estes sim cheios de sentido, coerentes e ordenados. Mas a sua ordem é inteiramente diferente da que nos lembramos no conteúdo manifesto. Há uma renúncia à conexão dos pensamentos oníricos, e essa conexão pode ser de todo perdida ou substituída pela nova conexão do conteúdo onírico. Além da condensação dos elementos oníricos, deu-se com uma quase regularidade um reordenamento desses elementos, que é mais ou menos independente do ordenamento anterior. Podemos dizer, para concluir, que o que foi feito do material dos pensamentos oníricos pelo trabalho do sonho passou por uma nova influência, a da chamada *"elaboração secundária"*, cujo evidente propósito aponta para a eliminação da incoerência e da incompreensibilidade resultantes do trabalho do sonho em favor de um novo "sentido". Esse novo sentido, a que se chega mediante a elaboração secundária, nada mais é do que o sentido dos pensamentos oníricos.

A elaboração secundária do produto do trabalho do sonho é um exemplo formidável da essência e das exigências de um sistema. Uma função intelectual em nós demanda unificação, conexão e inteligibilidade de todo material da percepção ou do pensamento de que ela se apodere, e não hesita em produzir uma conexão incorreta quando, como consequência de circunstâncias especiais, não pode apreender a correta. Conhecemos tais formações de sistema não apenas pelos sonhos, mas também pelas fobias, pelos pensamentos obsessivos e pelas formas de delírio. Nas enfermidades delirantes (a paranoia), a formação do sistema é a expressão mais clara e domina o quadro clínico, mas não pode ser ignorada em outras formas de neuropsicoses. Podemos, dessa maneira, mostrar que em todos os casos se deu um *reordenamento* do material psíquico visando uma nova meta, reordenamento que, não raro, é, no fundo, bastante violento, caso em que ele parece compreensível somente pelo ponto de vista do sistema. Então, o melhor indicador da formação do sistema será o de que cada um de seus resultados permite descobrir pelo menos duas motivações: uma proveniente das premissas do sistema — assim, eventualmente uma motivação delirante — e outra oculta, que, no entanto, temos de reconhecer como a que é genuinamente efetiva, real.

A título de ilustração, um exemplo tomado da neurose: no ensaio sobre o tabu, mencionei uma paciente cujas proibições obsessivas mostravam excelentes correspondências com o tabu dos maoris.[126] A neurose dessa mulher é dirigida ao marido; ela culmina na defesa do desejo inconsciente de que ele morra. Mas a fobia manifesta e sistemática da mulher vale para a menção da morte de maneira geral, e, nela, seu marido é inteiramente neutralizado, jamais se tornando objeto de preocupação consciente. Um dia ela ouve o marido dando ordens para que levem suas navalhas de barbear, que tinham ficado cegas, a um determinado estabelecimento para serem afiadas. Tomada por uma estranha inquietação, ela própria se põe a caminho daquele estabelecimento e, ao voltar desse reconhecimento, exige do marido que se desfaça daquelas navalhas para sempre, pois tinha descoberto que junto do referido estabelecimento havia um depósito de caixões, artigos de velório e que tais. Em razão de sua intenção, as navalhas haviam entrado numa indissolúvel ligação com os pensamentos de morte. Pois bem, essa é a motivação *sistemática* da proibição. Podemos estar certos de que a paciente, mesmo sem descobrir aquela vizinhança, teria trazido para casa a proibição das navalhas de barbear. Para tanto teria bastado que, no caminho para o estabelecimento, ela tivesse deparado com um carro funerário, uma pessoa trajando luto ou com uma mulher levando uma coroa de defunto. A rede de condições estava extensa o suficiente para, em qualquer caso, capturar a presa; dependia da paciente se queria puxá-la ou não. Foi possível verificar de maneira segura que ela não ativou as condições da proibição para outros casos. Em tais situações, chegava mesmo a dizer que tinha sido um "dia melhor". A causa *real* da proibição das navalhas de barbear foi, é óbvio, como podemos facilmente adivinhar,

---

126. Ver p. 45-46.

a relutância da paciente em pôr uma ênfase prazerosa na ideia de que seu marido poderia se cortar no pescoço com a navalha afiada.

De modo bem semelhante se completa e se detalha uma inibição do caminhar, uma abasia ou agorafobia, quando esse sintoma consegue chegar à condição de substituto de um desejo inconsciente e de defesa contra este. O que mais ainda houver no paciente quanto a fantasias inconscientes e reminiscências eficazes pressiona essa saída uma vez aberta em busca de expressão sintomática, acomodando-se, em reordenamento apropriado, no contexto da perturbação do caminhar. Seria assim um início vão, na verdade insensato, se se quisesse compreender a estrutura sintomática e os pormenores, por exemplo, de uma agorafobia, tomando sua premissa básica. Toda consequência e todo rigor da conexão são, afinal, apenas aparentes. Uma observação mais rigorosa pode, como no caso da formação de fachadas do sonho, descobrir as piores inconsequências e arbitrariedades da formação de sintomas. Os pormenores de uma tal fobia sistemática extraem sua real motivação de determinantes ocultos, que nada têm que ver com a inibição do caminhar, e, por esse motivo, as configurações de uma tal fobia em diferentes pessoas também resultam tão variadas e contraditórias.

Se agora buscarmos a via de regresso ao sistema do animismo que estamos a abordar, de nossas observações sobre outros sistemas psicológicos vamos inferir que também entre os primitivos a motivação de certo costume ou preceito em referência às "superstições" não precisa ser a única e real motivação, e tampouco nos dispensa da obrigação de buscar pelos motivos ocultos. Sob o domínio de um sistema animista, cada preceito e cada atividade têm de receber uma fundamentação sistemática, hoje por nós chamada de "supersticiosa". "Superstição" é, como "angústia", como "sonho", como "demônio", uma das provisoriedades psicológicas que se derreteram ante a investigação psicanalítica. Quando chegamos a essas construções, que bloqueiam o conhecimento feito um biombo, suspeitamos que à vida psíquica e ao nível cultural dos selvagens até hoje se negou um tanto de merecida dignidade.

Se tomarmos o recalque do impulsional como medida do nível cultural que se atingiu, devemos admitir que também sob o sistema animista aconteceram progressos e desenvolvimentos, injustamente menosprezados em razão de sua motivação supersticiosa. Quando ficamos sabendo que os guerreiros de uma tribo selvagem se impõem a máxima castidade e pureza tão logo se deslocam pela trilha da guerra,[127] é-nos sugerida a explicação pela qual eles eliminam sua imundície para que o inimigo não se apodere dessa parte de sua pessoa, lesando-os de maneira mágica, e para a sua abstinência devemos supor análogas motivações supersticiosas. Não obstante, o fato da renúncia impulsional persiste, e entendemos o caso tanto melhor quando supomos que o guerreiro selvagem se impõe tais restrições com vistas a um equilíbrio, já que está a ponto de se permitir a plena satisfação de moções cruéis e hostis, normalmente proibidas. O mesmo vale para o sem-número de casos de restrição sexual a perdurar pelo tempo em que se estiver a lidar com trabalhos difíceis ou de responsabilidade.[128] Por mais que essas proibições invoquem como base um contexto mágico, mantém-se inequívoca a ideia fundamental de obter maior força mediante a renúncia à satisfação impulsional, e não se pode negligenciar a raiz higiênica da proibição, juntamente com a sua racionalização mágica. Enquanto os homens de uma tribo selvagem estão empenhados na caça, na pesca, na guerra, na coleta de valiosas substâncias vegetais, suas mulheres ficam em casa, submetidas a uma enorme quantidade de restrições opressivas, às quais os próprios selvagens atribuem um efeito simpático, de ação a distância, sobre o bom resultado da expedição. No entanto, não é necessária muita sagacidade para imaginar que esse fator atuante a distância nada mais é do que o pensamento no regresso para casa, a saudade dos que se ausentaram, e que, com esses disfarces, se investe a boa percepção psicológica de que os homens só darão o melhor de si se estiverem plenamente tranquilos quanto ao

---

127. Frazer, "Taboo", p. 158. In: Frazer, 1911.
128. Ibidem, p. 200.

paradeiro de suas não vigiadas mulheres. Outras vezes, se enuncia de forma direta, sem motivação mágica, que a infidelidade conjugal da mulher traz o fracasso aos esforços do marido ausente, ocupado com tarefas de responsabilidade.

Os incontáveis preceitos do tabu a que estão submetidas as mulheres dos selvagens durante a menstruação são motivados pelo horror supersticioso ao sangue, e, sem dúvida, eles encontram aí também um fundamento real. Mas seria injusto desconsiderar a possibilidade de que esse horror ao sangue serviria da mesma forma a propósitos estéticos e higiênicos, que em todos os casos tiveram de se revestir de motivações mágicas.

Não nos iludimos de que, com tais tentativas de explicação, nos expomos à crítica de estarmos atribuindo aos selvagens de hoje uma sutileza de atividades psíquicas que em muito excedem o verossímil. Penso apenas que, com a psicologia desses povos, que se mantiveram no estado animista, facilmente poderia se dar o que se tem com a vida psíquica da criança, a qual nós adultos já não compreendemos, razão pela qual tanto subestimamos sua riqueza e sensibilidade.

Quero rememorar ainda um grupo de preceitos do tabu não explicados até aqui, e o farei porque admitem uma explicação familiar ao psicanalista. Entre muitos povos selvagens, em diferentes circunstâncias, é proibido manter em casa armas pontiagudas e instrumentos cortantes.[129] Frazer cita uma superstição alemã que não permite deixar uma faca com o gume virado para cima. Deus e os anjos poderiam se machucar com ela. Não será o caso de reconhecer nesse tabu a noção de certas "ações sintomáticas", para as quais a arma pontiaguda poderia ser usada por inconscientes moções malignas?

---

129. Ibidem, p. 237.

IV.
O retorno infantil do totemismo

Com relação à psicanálise, que foi a primeira a descobrir a sobredeterminação regular de atos e formações psíquicas, não é preciso temer que ela se faça tentada a derivar algo tão complexo como a religião de uma única origem. Se, com unilateralidade forçosa, na verdade obrigatória, ela deseja fazer com que se reconheça uma única das fontes dessa instituição, num primeiro momento ela não reivindica seu caráter exclusivo, tampouco a primeira posição entre os fatores cooperantes. Só mesmo uma síntese entre os diferentes campos de investigação pode decidir qual importância relativa cabe ao mecanismo que aqui elucidaremos na gênese da religião; tarefa como essa, porém, excede tanto os meios quanto o propósito do psicanalista.

1

No primeiro ensaio desta série, travamos contato com o conceito do totemismo. Ficamos sabendo que o totemismo é um sistema que, em certos povos primitivos da Austrália, América e África, faz as vezes de uma religião e provê a base da organização social. Sabemos ter sido o escocês McLennan que, em 1869, valeu-se do mais universal interesse pelos fenômenos do totemismo, até então considerados como mera curiosidade, ao formular a conjectura de que uma grande quantidade de costumes e práticas, nas mais diferentes sociedades, tanto antigas quanto modernas, deveria ser compreendida como vestígio de uma época totêmica. Desde então, a ciência tem reconhecido esse significado do totemismo em todo o seu alcance. Como uma das últimas manifestações sobre essa questão, quero citar uma passagem dos *Elemente der Völkerpsychologie* [Elementos da psicologia dos povos], de W. Wundt (1912):[130] "Tomando tudo isso em conjunto, com a máxima probabilidade infere-se a conclusão de que por toda a parte a cultura totêmica se constituiu numa precursora de desenvolvimentos posteriores e numa fase transitória entre o estado do homem primitivo e a era dos heróis e deuses".

As intenções do presente ensaio nos obrigam a uma abordagem mais profunda das características do totemismo. Por motivos que mais tarde se farão evidentes, vou privilegiar aqui uma exposição de S. Reinach, que, em 1900, esboçou o *Code du totémisme* [Código do totemismo], a seguir, em doze artigos, como se fosse um catecismo da religião totêmica:[131]

1. Certos animais não podem ser nem mortos nem comidos, mas as pessoas criam indivíduos dessas espécies de animais e lhes devotam cuidados.
2. Um animal que morre por acidente é pranteado e sepultado com as mesmas honras que um membro da tribo.
3. A proibição alimentar se refere, ocasionalmente, somente a uma parte específica do corpo do animal.
4. Se alguém, sob a coação da necessidade, tiver de matar um animal que normalmente é poupado, desculpa-se com ele e, por múltiplos artifícios e subterfúgios, procura mitigar a violação do tabu, que é a morte do animal.
5. Quando o animal é sacrificado em ritual, por ele se chora de forma solene.
6. Em certas ocasiões solenes e cerimônias religiosas, as pessoas se vestem com a pele de determinados animais. Onde o totemismo ainda subsiste, esses são os animais totêmicos.
7. Tribos e pessoas individuais atribuem-se nomes de animais, precisamente os dos animais totêmicos.

---

130. Wundt, *Elemente der Völkerpsychologie*, 1912, p. 139.
131. *Revue scientifique*, out. 1900, com impressão na obra em quatro volumes do autor, *Cultes, Mythes et Religions*, vol. I, 1909, p. 17 ss.

8. Muitas tribos usam imagens de animais como brasões e com elas adornam suas armas; os homens pintam o corpo com imagens de animais ou se deixam tatuar com elas.
9. Se o totem é um animal temido e perigoso, supõe-se que ele poupe os membros da tribo que leva o seu nome.
10. O animal totêmico protege e adverte os membros da tribo.
11. O animal totêmico anuncia o futuro a seus fiéis e lhes serve de líder.
12. Os membros de uma tribo totêmica frequentemente acreditam que estão associados ao animal totêmico pelo vínculo de uma ascendência comum.

Só se pode apreciar esse catecismo da religião totêmica quando se considera que Reinach nele registrou todos os indícios e fenômenos residuais dos quais se pode inferir a existência passada do sistema totêmico. Em compensação, esse autor revela uma postura particular diante do problema, já que, em certa medida, negligencia os traços essenciais do totemismo. Ainda havemos de nos convencer de que, das duas principais teses do catecismo totêmico, uma delas ele relegou a um pano de fundo, e a outra ignorou por completo.

Para se chegar a uma imagem correta das características do totemismo, nos voltemos a um autor que dedicou ao tema uma obra em quatro volumes, e, nessa obra, ele relaciona o mais completo acervo das observações aqui pertinentes com o mais pormenorizado debate sobre os problemas por elas suscitados. Ficamos em dívida com J. G. Frazer, autor de *Totemism and Exogamy* (1910), pelo desfrute e pelos ensinamentos, ainda que a investigação psicanalítica deva conduzir a resultados que em muito divergem dos seus.[132]

---

132. Mas talvez façamos bem em antecipar ao leitor as dificuldades com que têm de lutar as verificações nesse âmbito:
Em primeiro lugar: as pessoas que colhem observações não são as mesmas que as elaboram e discutem; aquelas são viajantes e missionários, enquanto estas, estudiosos, que talvez jamais tenham visto os objetos de sua investigação. O entendimento com os selvagens não é fácil. Nem todos os observadores estavam familiarizados com a língua deles, e, por isso, tiveram de recorrer ao serviço de intérpretes ou comunicar-se com os interrogados na

"Um totem", escreve Frazer em seu primeiro ensaio,[133]

é um objeto material, ao qual o selvagem rende um supersticioso respeito, pois acredita que, entre a sua própria pessoa e todas as coisas desse gênero, exista uma relação de todo especial. A ligação entre uma pessoa e seu totem é recíproca, o totem protege a pessoa, e a pessoa comprova a sua consideração para com o totem de diferentes maneiras, por exemplo, por não o matar, se for um animal, e não o colher, se for uma planta. O totem se diferencia do fetiche por, diferentemente deste, jamais ser uma coisa única, e, sim, sempre uma espécie, via de regra uma espécie de animal ou de planta, mais raramente uma classe de coisas inanimadas e, ainda mais raramente, objetos artificialmente produzidos.

Podem-se distinguir no mínimo três tipos de totens:

1. O totem da tribo, do qual participa toda uma tribo e que se transmite por herança de uma geração para a seguinte;
2. O totem do sexo, pertencente a todos os membros do sexo masculino ou do feminino de uma tribo, com a exclusão do outro sexo; e

---

língua auxiliar do *pidgin-English*. Os selvagens não são comunicativos quanto aos assuntos mais íntimos de sua cultura e só se abrem com estranhos que tiverem passado muitos anos em seu meio. Pelos mais diferentes motivos (cf. Frazer, "The Beginnings of Religion and Totemism among the Australian Aborigenes". *Fortnightly Review*, 1905; Frazer, 1910, I, p. 150), com frequência passam informações falsas ou equivocadas. A esse respeito, não se deve esquecer que os povos primitivos não são povos jovens, sendo, na verdade, tão antigos quanto os civilizados, e não se tem nenhum direito a esperar que conservassem, para que as conhecêssemos, suas ideias e instituições originárias sem nenhum desenvolvimento ou nenhuma desfiguração. Bem pelo contrário, é certo que, entre os primitivos, consumaram-se profundas mudanças, em todas as direções, de modo que jamais é possível decidir, sem hesitação, o que, em seus estados e concepções atuais, se conservou, ao modo de um fóssil, e o que corresponde a uma transfiguração e alteração desse mesmo passado. Daí as abundantes polêmicas entre os autores sobre as características de uma cultura primitiva que podem ser consideradas primárias e o que deve ser considerado configuração tardia e secundária. Em todo caso, a avaliação do estado original se mantém, assim, uma questão de construção. Por fim, não é fácil se sentir no modo de pensar dos primitivos. Nós os entendemos mal, tal qual crianças, e estamos sempre inclinados a interpretar o seu fazer e sentir segundo nossas próprias constelações psíquicas.
133. Frazer, *Totemism*. Edimburgo, 1887, com reimpressão no primeiro volume da grande obra *Totemism and Exogamy*.

3. O totem individual, próprio de uma única pessoa e que ela não transfere a seus descendentes. Quanto à importância, as duas últimas modalidades de totem não são comparáveis ao totem da tribo. Se não estamos de todo errados, são formações mais tardias e pouco significativas para a essência do totem.

O totem da tribo (totem do clã) é objeto de veneração por um grupo de homens e mulheres que tomam seu nome, consideram-se descendentes consanguíneos de um antepassado comum e estão conectados reciprocamente por deveres comuns, como pela crença em seu totem. O totemismo é um sistema tanto religioso como social. Em seu aspecto religioso, ele consiste nas relações de mútuos respeito e proteção entre uma pessoa e seu totem, e, em seu aspecto social, nas obrigações dos membros do clã entre si e para com outras tribos. Na história posterior do totemismo, esses dois aspectos revelam uma propensão a divorciar-se; com frequência o sistema social sobrevive ao religioso e, inversamente, reminiscências do totemismo se mantêm na religião dos países onde desapareceu o sistema social nele fundado. Em razão de nossa ignorância dessas origens, não podemos dizer com segurança de que modo esses dois aspectos do totemismo se relacionavam originalmente. No entanto, em seu conjunto, é grande a probabilidade de que, no início, ambos os aspectos fossem inseparáveis. Em outras palavras, quanto mais retrocedemos, com mais clareza se mostra que o membro da tribo se considera da mesma espécie que seu totem, e sua conduta para com o totem não se diferencia da conduta em relação a um companheiro da tribo.

Na descrição especial do totemismo como um sistema religioso, Frazer inicia assinalando que os membros de uma tribo se dão o nome de seu totem e, *em geral, também acreditam que descendem dele*. A consequência dessa crença é a de que não caçam o animal totêmico, não o matam nem o comem, e renunciam a qualquer outro uso do totem se ele for diferente de um animal. As proibições de matar e comer o totem não são os únicos tabus a ele relacionados; por vezes também é proibido tocá-lo, e mesmo avistá-lo; num sem-número de casos, não se pode chamar o totem por seu verdadeiro nome. A transgressão desses preceitos do tabu protetor do totem é punida automaticamente com graves adoecimentos ou com morte.[134]

Eventualmente, exemplares do animal totêmico são criados e mantidos em cativeiro pelo clã.[135] Um animal totêmico encontrado morto é pranteado e enterrado como um membro do clã. Se tivessem de matar um animal totêmico, isso se dava em meio a um ritual prescrito de desculpas e cerimônias expiatórias.

De seu animal totêmico, a tribo esperava ser protegida e poupada. Se ele fosse um animal perigoso (predador, cobra venenosa), supunha-se que não faria o mal a seus membros, e, se essa suposição não se confirmasse, o ferido era expulso da tribo. Segundo Frazer, em sua origem, os juramentos eram ordálias; a decisão sobre muitas provas de descendência e autenticidade era deixada para o totem. O totem auxilia em doenças, dá à tribo sinais e advertências. O aparecimento do animal totêmico nas proximidades de uma casa frequentes vezes era tido como anúncio de um falecimento. O totem tinha vindo para levar seu parente.[136]

Em diversas circunstâncias significativas, o membro do clã procura acentuar seu parentesco com o totem, fazendo-se externamente semelhante a ele, cobrindo-se com a pele do animal totêmico, tatuando em si a imagem desse animal, etc. Nas ocasiões festivas do nascimento, da iniciação dos varões e do sepultamento, essa identificação com o totem é realizada em atos e palavras. As danças, nas quais todos os membros da tribo se disfarçam de seu totem e comportam-se como ele, servem-se de variados propósitos mágicos e religiosos. Por fim, há cerimônias em que o animal totêmico é morto de modo ritualístico.[137]

O aspecto social do totemismo modela-se, sobretudo, por um mandamento de rigorosa observância e por uma enorme restrição.

---

134. Ver o ensaio sobre o tabu.
135. Como ainda hoje a loba enjaulada junto à escada do Capitólio em Roma, os ursos no fosso de Berna.
136. Assim como a dama branca em muitas linhagens nobres.
137. Frazer, 1910, p. 45. Ver, abaixo, o debate sobre o sacrifício.

Os membros de um clã totêmico são irmãos e irmãs, obrigam-se a mutuamente se auxiliar e se proteger; no caso de um membro do clã ser morto por um estranho, toda a tribo do perpetrador é responsabilizada pelo assassinato, e o clã do que foi morto sente-se solidarizado na exigência de expiação pelo sangue derramado. Os laços totêmicos são mais fortes que os laços familiares tal como os entendemos; não coincidem com estes, já que, via de regra, a transmissão do totem acontece por herança materna, originalmente a herança paterna talvez não tendo vigência alguma.

Mas a correspondente restrição do tabu consiste na proibição de os membros do mesmo clã totêmico se casarem entre si e, mais ainda, de manterem relações sexuais entre si. Trata-se da célebre e enigmática *exogamia*, atrelada ao totemismo. Dedicamos-lhe todo o primeiro ensaio desta série, e, por isso, é o caso aqui de apenas mencionar que ela emana do exacerbado horror ao incesto por parte dos primitivos, que seria plenamente compreensível como garantia contra o incesto no matrimônio por grupos e, num primeiro momento, provê a prevenção ao incesto para a geração mais jovem, apenas numa formação posterior vindo a se converter em inibição também para a geração mais velha.[138]

A essa exposição do totemismo por Frazer, que é uma das primeiras na literatura sobre o tema, quero agora acrescentar alguns extratos de uma das sinopses mais recentes. Nos *Elemente der Völkerpsychologie*, obra publicada em 1912, W. Wundt[139] afirma que

> (...) o animal totêmico é considerado animal ancestral pelo grupo em questão. O "totem" é, portanto, por um lado, o nome para o grupo, e, por outro, o nome de uma linha de descendência; nesta última correlação, o nome tem, também, um significado mitológico. Porém, todos esses

---

138. Ver o primeiro ensaio.
139. Wundt, 1912, p. 116.

empregos do conceito se relacionam entre si, os significados isolados podendo perder importância, de modo que, em muitos casos, os totens quase passaram a ser uma mera nomenclatura das classes em que se divide a tribo, enquanto, em outros, se ressalta a ideia da descendência ou, ainda, a do significado do culto ao totem (...). O conceito de totem se faz determinante para a *divisão* e para a *organização* da tribo. Com essas normas e com sua consolidação no crer e no sentir dos membros da tribo relaciona-se o fato de que, pelo menos originariamente, não se considerava o animal totêmico como um nome para um grupo de membros da tribo, mas, sim, o animal, o mais das vezes, era considerado o pai ancestral da respectiva divisão (...). A isso também se deve o fato de esses antepassados animais serem objeto de culto (...). Esse culto a um animal exterioriza-se em sua origem, abstração feita a certas cerimônias e a certos festejos cerimoniais, sobretudo na atitude para com o animal totêmico: não apenas um animal tomado individualmente, mas, sim, todo representante da mesma espécie é, em certo grau, um animal sagrado, sendo proibido aos membros do totem consumir a carne do animal totêmico ou podendo fazê-lo apenas sob certas circunstâncias. A isso corresponde o fenômeno contrário, significativo em tal contexto, pelo qual, sob certas condições, realiza-se uma espécie de desfrute cerimonial da carne do animal totêmico (...).

(...) Mas o principal aspecto social dessa divisão tribal totêmica consiste em que a ela encontram-se ligadas certas normas morais para as relações entre os grupos. No conjunto dessas normas estão, em primeiro lugar, as que versam sobre o intercâmbio matrimonial. Assim, essa divisão da tribo junta-se a um importante fenômeno, que, pela primeira vez, surge na era totêmica: a *exogamia*.

Se quisermos chegar a uma caracterização do totemismo original para além de tudo o que possa corresponder a um posterior desenvolvimento ou a um enfraquecimento, surgem para nós os traços essenciais a seguir: *originalmente os totens eram apenas animais, sendo considerados os antepassados de cada tribo. O totem se transmitia apenas pela linhagem feminina; era proibido matar o totem* (ou *comê-lo,* o que, para as relações primitivas, é a mesma coisa); aos membros do totem era proibido manter relações sexuais.[140]

O que pode agora nos chamar a atenção é o fato de que, no *Code du totémisme*, elaborado por Reinach, um dos tabus principais, o da exogamia, não aparece de forma alguma, enquanto a premissa do segundo tabu, a saber, a descendência a partir do animal totêmico, é mencionada de maneira apenas incidental. Porém, se escolhi a exposição de Reinach, autor de grandes méritos quanto a esse assunto, foi para antecipar as diferenças de concepção entre os autores, das quais devemos nos ocupar a partir de agora.

2

Quanto mais irrefutavelmente se apresentava a perspectiva de que o totemismo teria constituído uma fase regular de todas as culturas, mais urgente se fazia a necessidade de se chegar a uma compreensão sobre ele, a fim de aclarar os enigmas de sua natureza. É bem possível que tudo no totemismo seja enigmático; as questões decisivas versam sobre a origem da descendência totêmica, sobre a motivação da exogamia (ou, antes, do tabu do incesto que ela substitui) e

---

140. Em concordância com esse texto se tem o resumo do totemismo que Frazer oferece em seu segundo trabalho sobre o tema ("The Origin of Totemism" [A origem do totemismo], *Fortnightly Review*, 1899): "*Thus, Totemism has commonly been treated as a primitive system both of religion and of society. As a system of religion it embraces the mystic union of the savage with his totem; as a system of society it comprises the relations in which men and women of the same totem stand to each other and to the members of other totemic groups. And corresponding to these two sides of the system are two rough-and-ready tests or canons of Totemism: first, the rule that a man may not kill or eat his totem animal or plant; and second, the rule that he may not marry or cohabit with a woman of the same totem*" [Assim, o totemismo tem comumente sido tratado como um sistema primitivo tanto de religião quanto de sociedade. Como sistema de religião, ele abarca a união mística do selvagem com o seu totem; como sistema de sociedade, compreende as relações que homens e mulheres do mesmo totem travam entre si e com membros de outros grupos totêmicos. E, de modo correspondente a esses dois lados do sistema, estão as duas provas diretas ou cânones do totemismo: em primeiro lugar, a regra de que um homem não pode matar ou comer seu animal ou planta totêmico; e, em segundo, a regra de que ele não pode casar ou coabitar com uma mulher do mesmo totem] (p. 101). Frazer, então, acrescenta algo que nos põe no meio das discussões sobre o totemismo: "*Whether the two sides — the religious and the social — have always co-existed or are essentially independent, is a question which has been variously answered*" [Se os dois lados — o religioso e o social — sempre coexistiram ou são essencialmente independentes, é uma questão que tem sido respondida de várias maneiras].

sobre a relação entre ambos, organização totêmica e proibição do incesto. A compreensão deveria ser, a um só tempo, histórica e psicológica, e informar sob que condições se desenvolveu essa instituição peculiar e a quais necessidades psíquicas do ser humano ela veio dar expressão.

Certamente que meus leitores ficarão admirados ao saber da diversidade de pontos de vista pelos quais se buscou responder a essas questões e do quanto a seu respeito divergem as concepções dos versados pesquisadores. Praticamente tudo o que de modo geral se poderia afirmar sobre totemismo e exogamia está em questão; nem mesmo o quadro precedente, tomado de um texto de Frazer publicado em 1887, pode escapar à crítica de que estaria a expressar uma predileção arbitrária do informante, e hoje seria contestado pelo próprio Frazer, que repetidas vezes modificou sua apreciação do objeto.[141]

É natural supor que poderíamos compreender melhor a essência do totemismo e da exogamia se pudéssemos nos aproximar das origens de ambas as instituições. Porém, para a apreciação do estado de coisas não se deve esquecer da observação de Andrew Lang, pela qual nem mesmo os povos primitivos preservaram para nós essas formas originais das instituições e as condições para seu surgimento, de modo que nos vemos dependentes, única e exclusivamente, de hipóteses para substituir a observação de que carecemos.[142] Entre

---

141. Por ocasião de uma das tais mudanças de posição, ele redige o belo enunciado: *"That my conclusions on these difficult questions are final, I am not so foolish as to pretend. I have changed my views repeatedly, and I am resolved to change them again with every change of the evidence, for like a chameleon the candid inquirer should shift his colours with the shifting colours of the ground he treads"* [Não sou tolo a ponto de pretender que minhas conclusões acerca de tão difíceis questões sejam as derradeiras. Repetidas vezes mudei minhas perspectivas, e estou decidido a mudá-las novamente a cada mudança de evidência, pois, tal qual um camaleão, o pesquisador honesto deve modificar suas cores de acordo com a mudança das cores do solo em que pisa]. "Vorrede zum" [Prefácio]. In: Frazer, 1910, vol. I.

142. *"By the nature of the case, as the origin of totemism lies far beyond our powers of historical examination or of experiment, we must have recourse as regards this matter to conjecture"* [Pela natureza do caso, uma vez que a origem do totemismo se encontra muito além de nossas capacidades de exame histórico ou de experimento, quanto a essa questão temos de recorrer à conjectura]. Lang, 1905, p. 27. *"Nowhere do we see absolutely primitive man, and a totemic*

as tentativas de explicação invocadas, tem-se algumas que de antemão parecem inadequadas ao juízo do psicólogo. São por demais racionais e não consideram nem um pouco o caráter de sentimento das coisas que devem ser explicadas. Outras tentativas repousam em premissas que a observação não confirma; outras, ainda, apelam a um material que seria melhor submeter a uma interpretação diferente. A refutação das diferentes perspectivas, via de regra, apresenta poucas dificuldades; os autores comumente têm se mostrado mais fortes nas críticas recíprocas do que em suas próprias produções. Para a maioria dos aspectos abordados, um *non liquet* é o resultado final. Por isso, não surpreende que, na mais recente literatura sobre o assunto, aqui o mais das vezes omitida, surge inconfundível a tendência a recusar como impraticável uma solução geral aos problemas totêmicos. Veja-se, por exemplo, Goldenweiser, no *Journal of American Folklore* [Jornal do folclore americano], XXIII, 1910 (resenha no *Britannica Year Book* [Anuário britânico], 1913). Ao enunciar essas hipóteses em conflito, permiti-me prescindir de sua sequência cronológica.

a) A proveniência do totemismo

A pergunta pelo surgimento do totemismo também se deixa formular da seguinte maneira: de que modo os homens primitivos chegaram ao ponto de se nomear (a suas tribos) de acordo com o nome de animais, plantas e objetos inanimados?[143]

O escocês McLennan, que descobriu para a ciência o totemismo e a exogamia,[144] absteve-se de publicar um parecer sobre o surgimento do totemismo. Segundo observa A. Lang,[145] durante um período ele

---

system in the making" [Em parte alguma vemos o homem absolutamente primitivo e um sistema totêmico em formação]. Ibidem, p. 29.
143. É provável que, no início, o fizessem apenas de acordo com os nomes de animais.
144. McLennan, "The Worship of Animals and Plants" [A adoração de animais e plantas]. *Fortnightly Review*, 1869-1870; "Primitive Marriage" [Casamento primitivo], 1865; ambas as obras impressas em *Studies in Ancient History* [Estudos em história antiga], 1876. Segunda edição, de 1886.
145. 1905, p. 34.

esteve inclinado a remeter o totemismo ao costume da tatuagem. Eu gostaria de dividir as teorias sobre a derivação do totemismo em três grupos: α) nominalistas, β) sociológicas e δ) psicológicas.

α) As teorias nominalistas

O que passarei a enunciar sobre essas teorias justificará a sua reunião sob o título com o qual as reuni.

Já Garcilaso del Vega, descendente dos incas peruanos que, no século XVII, escreveu a história de seu povo, atribuiu o que se lhe dera a conhecer sobre fenômenos totêmicos à necessidade, pelas tribos, de se distinguirem por meio de nomes.[146] A mesma ideia aparece séculos depois, na etnologia de A. K. Keane: os totens teriam advindo de "*heraldic badges*" (brasões de armas), por meio dos quais indivíduos, famílias e tribos queriam se distinguir entre si.[147]

Max Müller externou o mesmo ponto de vista sobre o significado do totem em suas *Contributions to the Science of Mythology* [Contribuições à ciência da mitologia].[148] Um totem seria: 1. um distintivo de clã, 2. um nome de clã, 3. o nome do ancestral do clã, 4. o nome do objeto venerado pelo clã. Mais tarde, em 1899, J. Pikler afirmou: "Os homens precisavam de um nome permanente, que fosse fixável por escrito, para comunidades e indivíduos (...). Assim sendo, o totemismo não advém de uma necessidade religiosa, mas de uma comezinha necessidade cotidiana da humanidade. O ato de nomear, cerne do totemismo, é uma consequência da técnica de escrita primitiva. Também a índole do totem é a de caracteres gráficos facilmente representáveis. Mas ao portarem o nome de um animal, os selvagens derivavam daí a ideia de um parentesco com esse animal".[149]

---

146. Citado por Lang, op. cit., p. 34.
147. Ibidem.
148. Citado por Lang, op. cit.
149. Julius Pikler e Félix Somló, *Der Ursprung des Totemismus* [A origem do totemismo], 1901. Os autores com razão caracterizam a sua tentativa de explicação como "contribuição à teoria materialista da história".

Spencer,[150] da mesma forma, atribuiu à concessão do nome o significado decisivo para o surgimento do totemismo. Em razão de suas características, explica ele, alguns indivíduos eram nomeados segundo animais, e assim recebiam títulos honoríficos ou apelidos, que eram transmitidos a seus descendentes. Como consequência do caráter impreciso e ininteligível das línguas primitivas, esses nomes eram compreendidos pelas gerações seguintes como se fossem um testemunho de que descendiam desses animais. Assim, o totemismo teria surgido como um mal-entendido na veneração aos antepassados.

Foi de modo bem semelhante, ainda que sem realçar o mal-entendido, que Lorde Avebury (conhecido por seu nome anterior, Sir J. Lubbock) avaliou o surgimento do totemismo: se quisermos explicar a veneração dos animais, não devemos esquecer com que frequência os nomes humanos são tomados de empréstimo de animais. Os filhos e o séquito de um homem que fosse chamado "Urso" ou "Leão" naturalmente tornavam esse o nome da tribo. Resultava daí o próprio animal merecer certo respeito e, por fim, veneração.

Uma objeção, ao que tudo indica irrefutável, a tal atribuição dos nomes totêmicos com base nos nomes de indivíduos foi levantada por L. Fison.[151] Considerando as condições de vida dos australianos, ele faz ver que o totem é sempre a marca de um grupo de pessoas, nunca de um indivíduo. Se fosse diferente, com o totem sendo originalmente o nome de uma única pessoa, jamais ele poderia tê-lo passado aos filhos, dado o sistema de herança materna.

As teorias até aqui enunciadas são, aliás, claramente insuficientes. Explicam, talvez, o fato de as tribos dos primitivos terem nomes de animais, mas, em momento algum, dão conta da importância que essa designação de nome adquiriu para eles, qual seja, o sistema totêmico. A teoria mais notável desse grupo é a de A. Lang, presente em seus livros *Social Origins*, de 1903, e *The Secret of the Totem*, de

---

150. "The Origin of Animal Worship" [A origem da adoração a animais]. *Fortnightly Review*, 1870; *Prinzipien der Soziologie*, vol. I, § 169-176.
151. *Kamilaroi and Kurmai*, 1880, p. 165 (citado por Lang, 1905).

1905. Ela continua a fazer da designação do nome o cerne do problema, mas elabora dois interessantes fatores psicológicos e, assim, reivindica ter conduzido o enigma do totemismo à solução definitiva.

Segundo A. Lang, de início seriam indiferentes os modos pelos quais os clãs teriam chegado a seus nomes de animais. Basta supor que seus membros, certo dia, despertaram para a consciência de que os portavam, sem saber dar nenhuma explicação de sua procedência. *A origem desses nomes teria sido esquecida.* Então, tentaram conseguir informações por meio de especulação, e, dadas as suas convicções sobre a importância dos nomes, tiveram de necessariamente chegar a todas as ideias contidas no sistema totêmico. Os nomes são, para os primitivos — como para os selvagens de hoje e mesmo para nossas crianças[152] —, não algo indiferente e convencional, como parecem a nós, e, sim, algo significativo e essencial. O nome de um ser humano é um dos componentes principais de sua pessoa, talvez parte de sua alma. A igualdade de nome com os animais coagia os primitivos a supor um vínculo misterioso e significativo entre a sua pessoa e essas espécies de animais. Que outro vínculo poderia aqui ser levado em conta que não o do parentesco de sangue? Mas, uma vez que esse fosse tomado como consequência da igualdade dos nomes, resultavam daí, ao modo de consequências diretas do tabu de sangue, todos os preceitos totêmicos, incluindo o da exogamia.

No more than these three things — a group animal name of unknown origin; belief in a transcendental connection between all bearers, human and bestial, of the same name; and belief in the blood superstitions — was needed to give rise to all the totemic creeds and practices, including exogamie [Não mais do que estas três coisas — um nome genérico de animal, de origem desconhecida; a crença numa conexão transcendental entre todos os portadores, humanos e bestiais, do mesmo nome; e uma crença nas superstições de sangue — foram necessárias para dar lugar a todos os credos e todas as práticas totêmicas, incluindo a exogamia].[153]

---

152. Ver o ensaio sobre o tabu, p. 75.
153. Lang, 1905, p. 126.

A explicação de Lang dá-se, por assim dizer, em dois tempos. Com necessidade psicológica ela infere o sistema totêmico do fato do nome totêmico tomando como pressuposto o esquecimento da proveniência dessa doação de nome. A outra parte da teoria busca, pois, esclarecer a origem desses nomes; veremos que ela é de índole bastante diferente.

Essa outra parte da teoria de Lang não se distancia, no essencial, das demais teorias a que chamei "nominalista". A necessidade prática de diferenciação obrigou as diversos tribos a adotar nomes, e, por isso, tomaram o nome que cada tribo tinha recebido das demais. Esse *"naming from without"* [nomear de fora] é o traço característico da construção de Lang. Que os nomes que assim vieram a existir tenham sido tomados de animais, isso já não surpreende, assim como não precisava ser recebido pelos primitivos como insulto ou como zombaria. Lang, aliás, recorreu a casos que de modo algum são esporádicos em períodos posteriores da história, nos quais nomes dados de fora, originalmente conotados como de escárnio, foram aceitos e assimilados de boa vontade pelos que eram assim designados (*"Les Gueux"*, *"Whigs"* e *"Tories"*). A hipótese de que a gênese desses nomes teria sido esquecida no decorrer do tempo atrela essa segunda parte da teoria de Lang à primeira, que foi apresentada há pouco.

β) As teorias sociológicas

S. Reinach, que, de maneira bem-sucedida, rastreou as reminiscências do sistema totêmico no culto e em costumes de períodos posteriores, e que, porém, desde o início, desprezou o fator da descendência a partir do animal totêmico, certa vez declarou, sem titubear, que o totemismo lhe parecia nada além de *"une hypertrophie de l'instinct social"* [uma hipertrofia do instinto social].[154]

Por essa mesma concepção parece passar a nova obra de Émile Durkheim: *Les formes élémentaires de la vie religieuse. Le système totémique en Australie* [As formas elementares da vida religiosa. O sistema

---

154. Reinach, op. cit., vol. I, p. 41.

totêmico na Austrália], de 1912. O totem é o representante visível da religião social desses povos. Ele encarna a comunidade, que é o verdadeiro objeto de veneração.

Outros autores buscaram uma fundamentação mais detalhada para essa participação dos impulsos sociais na formação das instituições totêmicas. Foi assim que A. C. Haddon supôs que originalmente toda tribo primitiva vivesse de uma espécie de animal ou planta em particular, talvez mesmo comerciasse com esse alimento, e, por meio de trocas, com ele abastecesse outras tribos. Desse modo, tornava-se inevitável que a tribo se fizesse conhecer pelas outras com o nome do animal que para ela desempenhava tão importante papel. Ao mesmo tempo, nessa tribo se desenvolvia uma especial familiaridade com o animal em questão e uma espécie de interesse por ele, que não se fundava em nenhum outro motivo psíquico que não o da mais elementar e urgente das necessidades humanas, a fome.[155]

As objeções a essa mais racional dentre todas as teorias totêmicas alegam que tal circunstância alimentar não foi encontrada em parte alguma entre os primitivos, provavelmente jamais tendo existido. Os selvagens seriam onívoros, e isso tanto mais quanto mais baixo o nível em que estivessem. Além disso, não seria compreensível de que maneira, com tão excludente dieta, pôde se desenvolver uma relação quase religiosa com o totem que culminava na abstenção absoluta do alimento preferido.

A primeira das três teorias que Frazer formulou sobre o surgimento do totemismo foi uma teoria psicológica; ela será relatada em outra passagem.

A segunda teoria de Frazer, a se discutir aqui, surgiu sob a impacto da mais importante publicação de dois pesquisadores sobre os nativos da Austrália Central.[156]

---

155. "Address to the Anthropological Section of the British Association" [Discurso dirigido à Seção Antropológica da Associação Britânica]. Belfast, 1902. Citado por Frazer, 1910, vol. IV, p. 50 ss.
156. Spencer e Frank Gillen, op. cit.

De um grupo de tribos da chamada nação *arunta*, Spencer e Gillen descreveram uma série de instituições, usos e concepções característicos, e Frazer aderiu ao juízo desses autores, segundo o qual essas peculiaridades deveriam ser consideradas como traços de um estado primário e poderiam dar alguma informação sobre o primeiro e real sentido do totemismo.

Entre a tribo dos *aruntas* (parte da nação dos *aruntas*), essas características são as seguintes:

1. Ela tem a divisão em clãs totêmicos, mas o totem não é transmitido de forma hereditária, e, sim, determinado individualmente (de um modo que será compartilhado mais adiante).
2. Os clãs totêmicos não são exógamos; as restrições ao matrimônio são produzidas por uma divisão altamente desenvolvida, em classes de matrimônio, que nada têm a ver com o totem.
3. A função dos clãs totêmicos consiste na realização de uma cerimônia que, de maneira refinadamente mágica, tem como finalidade a multiplicação do objeto totêmico comestível (essa cerimônia se chama *intichiuma*).
4. Os *aruntas* têm uma curiosa teoria sobre a concepção e o renascimento. Eles supõem que, em determinados pontos de sua terra, os espíritos dos mortos do mesmo totem esperam por seu renascimento e penetram no ventre das mulheres que passam por tais pontos. Se nasce uma criança, a mãe informa em qual das moradas de espíritos ela acredita ter concebido o filho. E supõe-se, ademais, que os espíritos (os mortos, tal como os renascidos) estariam associados a amuletos de pedra característicos (chamados *churinga*), encontrados nas referidas moradas.

Dois fatores parecem ter levado Frazer à crença de que nas instituições dos *aruntas* se encontrava a forma mais antiga de totemismo. Em primeiro lugar, a existência de certos mitos, segundo os quais os ancestrais dos *aruntas* se alimentavam regularmente de seu totem e só se casavam com mulheres de seu próprio totem. Em segundo lugar, a aparente preterição do ato sexual em sua teoria da concepção. Pessoas que ainda não tenham reconhecido ser a concepção consequência do ato sexual poderiam bem ser consideradas as mais atrasadas e primitivas entre as que vivem hoje.

Uma vez que Frazer se ateve à cerimônia *intichiuma* ao avaliar o totemismo, o sistema totêmico de súbito lhe pareceu a uma luz de todo modificada, como uma organização prática, e tão somente prática, com vistas a impugnar as necessidades mais naturais do homem (*ver, acima, Haddon*).[157] O sistema era simplesmente uma grandiosa peça de "*cooperative magic*" [mágica cooperativa]. Os primitivos constituíam, por assim dizer, uma associação mágica de produção e consumo. Cada clã totêmico havia assumido a tarefa de zelar pela abundância de certo alimento. Quando não se tratasse de um totem comestível, como no caso de animais nocivos, da chuva, do vento e que tais, o dever do clã totêmico era dominar essa parcela da natureza e rechaçar o que ela teria de nocivo. As realizações de cada clã beneficiavam todos os demais. Dado que o clã nada ou muito pouco podia comer de seu totem, ele fornecia esse valioso bem para os outros clãs e, em troca, era por estes abastecido do que eles tinham de fornecer como seu dever social totêmico. À luz dessa concepção mediada pela cerimônia *intichiuma*, a Frazer pareceu como se a proibição de comer do próprio totem tivesse redundado na cegueira em razão da qual se descuidava do aspecto mais importante da relação, ou seja, o mandamento de obter o máximo possível do totem comestível para a necessidade dos demais.

Frazer aceitou a tradição dos *aruntas* segundo a qual todo clã totêmico originalmente havia se alimentado de seu totem sem restrição alguma. Desse modo, ele enfrentaria dificuldades para compreender o desdobramento subsequente, o de que o clã se conformou

---

157. "*There is nothing vague or mystical about it, nothing of that metaphysical haze which some writers love to conjure up over the humble beginnings of human speculation, but which is utterly foreign to the simple, sensuous and concrete modes of thought of the savage*" [Não há nada vago ou místico acerca disso, nada dessa névoa metafísica com que alguns autores se aprazem em conjurar os humildes inícios da especulação humana, mas que é completamente estranho aos modos simples, sensíveis e concretos do selvagem]. Frazer, op. cit., vol. I, p. 117).

em garantir o totem para os outros clãs, enquanto ele próprio quase renunciava a dele usufruir. Frazer, então, supôs que essa restrição de modo algum resultaria de uma espécie de respeito religioso, e, sim, talvez, da observação de que nenhum animal costuma devorar seu semelhante; por isso, tal quebra da identificação com o totem prejudicaria o poder que se desejava adquirir sobre ele. A restrição poderia também resultar de um esforço em conquistar a simpatia da entidade, uma vez que se a pouparia. Mas Frazer não disfarçava as dificuldades dessa explicação,[158] tampouco se atrevia a indicar os caminhos pelos quais o hábito de se casar no seio do totem, defendido pelos mitos dos *aruntas*, teria se convertido em exogamia.

A teoria de Frazer, fundada nos *intichiuma*, nasce e morre com o reconhecimento da natureza primitiva das instituições *aruntas*. Porém, esse reconhecimento parece impossível de ser sustentado diante das objeções propostas por Durkheim[159] e Lang.[160] Os *aruntas* antes parecem ser a mais desenvolvida entre as tribos australianas, a representar mais um estágio de dissolução do totemismo do que de seu início. Os mitos, que tão forte impressão causaram em Frazer, uma vez que, em oposição às instituições hoje vigentes, enfatizam a liberdade de comer do totem e de se casar no seio do clã totêmico, seriam, para nós, fáceis de explicar como fantasias de desejo, projetadas no passado, de modo semelhante ao mito da idade do ouro.

γ) *As teorias psicológicas*
A primeira teoria psicológica de Frazer, criada ainda antes de ele tomar contato com as observações de Spencer e Gillen, baseava-se na crença na "alma exterior".[161] O totem deveria representar um refúgio seguro para a alma, que nele era depositada para se manter a salvo dos perigos que a ameaçavam. Se o primitivo tivesse acomodado a

---

158. Ibidem, p. 120.
159. *L'anné sociologique*, vol. I, V, VIII, e em outras passagens. Ver, especialmente, o ensaio "Sur le totémisme" [Sobre o totemismo], vol. V, 1901.
160. 1903 e 1905.
161. Frazer, 1911, vol. II, p. 332.

sua alma junto ao totem, ele próprio se tornava invulnerável e naturalmente se resguardava de causar algum dano ao portador de sua alma. Mas, dado que ele não sabia qual indivíduo dessa espécie animal seria portador de sua alma, era-lhe natural poupar a espécie inteira. O próprio Frazer mais tarde renunciou a essa derivação do totemismo com base na crença nas almas.

Ao tomar conhecimento das observações de Spencer e Gillen, Frazer elaborou a outra teoria sociológica do totemismo, acima compartilhada por nós, mas ele próprio, então, constatou que o motivo pelo qual derivara o totemismo seria por demais "racional", e que pressupusera uma organização social demasiado complexa para que pudesse ser chamada de primitiva.[162] As sociedades cooperativas mágicas pareciam-lhe agora mais frutos tardios do que germes do totemismo. Ele buscava um fator mais simples, uma superstição primitiva por trás dessas formações, para daí derivar a gênese do totemismo. Esse fator de origem, encontrou-o então na curiosa teoria da concepção dos *aruntas*.

Conforme já mencionado, os *aruntas* removem a conexão entre a concepção e o ato sexual. Quando uma mulher se sente mãe, é porque nesse momento penetrou-lhe o ventre um dos espíritos que espreitavam por renascimento na morada de espíritos mais próxima, e ele virá a nascer como filho dela. Esse filho tem o mesmo totem que todos os outros espíritos que espreitam em certo local. Essa teoria da concepção não é capaz de explicar o totemismo, já que ela pressupõe o totem. Mas se quisermos retroceder um passo a mais e supor que a mulher originalmente acreditava que o animal, a planta, a pedra, o objeto a ocupar sua fantasia no momento em que se sentiu mãe pela primeira vez teria realmente penetrado nela, vindo a nascer dela com a forma humana, então a identidade de uma pessoa com

---

162. "*It is unlikely that a community of savages should deliberately parcel out the realm of nature into provinces, assign each province to a particular band of magicians, and bid all the bands to work their magic and weave their spells for the common good*" [É improvável que uma comunidade de selvagens deliberadamente tenha dividido o reino da natureza em províncias, atribuído cada província a um determinado grupo de magos e ordenado a todos os grupos que realizassem seus atos mágicos e tecessem seus feitiços para o bem comum]. Idem, 1910, vol. IV, p. 57.

seu totem se faria efetivamente fundada pela crença da mãe, todos os demais mandamentos totêmicos (com a exclusão da exogamia) sendo daí facilmente derivados. A pessoa então se recusaria a comer desse animal, dessa planta, pois, com isso, estaria como que comendo a si mesma. Porém, ocasionalmente e de maneira solene, ela se veria incitada a desfrutar de algo de seu totem, uma vez que isso fortaleceria a sua identificação com ele, o que é o aspecto essencial no totemismo. As observações de W. H. R. Rivers junto aos nativos das Ilhas de Banks pareceram corroborar a identificação direta do homem com seu totem baseando-se em tal teoria da concepção.[163]

A última fonte do totemismo seria, portanto, a ignorância dos selvagens quanto ao processo pelo qual homens e animais procriam sua espécie. Em particular, o desconhecimento do papel desempenhado pelos machos na fecundação. Esse desconhecimento deve ter sido facilitado pelo longo intervalo que se interpõe entre o ato fecundador e o nascimento da criança (ou a percepção dos primeiros movimentos do bebê). Por isso, o totemismo é uma criação não do espírito masculino, mas do feminino. Os desejos (*sick fancies*) da mulher grávida são as raízes desse totemismo. "*Anything indeed that struck a woman at that mysterious moment of her life when she first knows herself to be a mother might easily be identified by her with the child in her womb. Such maternal fancies, so natural and seemingly so universal, appear to be the root of totemism*"[164] [Na verdade, qualquer coisa que impactasse a mulher nesse misterioso momento de sua vida, quando pela primeira vez ela se sabe mãe, poderia ser facilmente identificada por ela com a criança em seu ventre. Tais fantasias maternas, tão naturais e em aparência tão universais, parecem ser a raiz do totemismo].

A principal objeção a essa terceira teoria de Frazer é a mesma já apresentada contra a segunda teoria, a sociológica. Os *aruntas* parecem muito mais distanciados dos primórdios do totemismo. Sua negação da paternidade não parece assentar-se na ignorância

---

163. Ibidem, vol. II, p. 89; e vol. IV, p. 59.
164. Ibidem, vol. IV, p. 63.

primitiva; em muitos aspectos, eles próprios conhecem a herança paterna. Parecem ter sacrificado a paternidade com uma espécie de especulação destinada a honrar os espíritos ancestrais.[165] Se alçam o mito da imaculada concepção pelo espírito à condição de teoria universal da concepção, nem por isso se deve imputar-lhes ignorância quanto às condições da reprodução, como não a imputaríamos aos povos antigos dos tempos da gênese dos mitos cristãos.

Outra teoria psicológica sobre a origem do totemismo foi elaborada pelo holandês G. A. Wilcken. Ele estabelece uma associação do totemismo com a transmigração das almas. "O mesmo animal pelo qual, segundo generalizada crença, as almas dos mortos transitavam, convertia-se em parente consanguíneo, em antepassado, e era venerado como tal". Mas a crença na transmigração animal das almas pode mais ser derivada do totemismo do que o contrário.[166]

Outra teoria sobre o totemismo é defendida pelos destacados etnólogos americanos Franz Boas, Hill-Tout e outros. Ela parte das observações realizadas junto a tribos indígenas totemistas e afirma que o totem seria originalmente o espírito protetor de um ancestral, que o teria adquirido por meio de um sonho e legado à sua descendência. Já antes ficamos sabendo das dificuldades oferecidas pelo ato de derivar o totemismo da herança de alguns indivíduos; além disso, as observações australianas de modo algum corroborariam a recondução do totem ao espírito protetor.[167]

Para a última das teorias psicológicas, elaborada por Wundt, ambos os fatos se tornaram decisivos: pelo primeiro, o objeto totêmico originário e disseminado com mais constância é o animal; pelo segundo, entre os animais totêmicos, os mais originários coincidem com os animais-alma.[168] Os animais-alma, como pássaros, cobras, lagartixas e ratos, por sua rápida mobilidade, seu voo pelo ar, entre

---

165. "*That belief is a philosophy far from primitive*" [Essa crença é uma filosofia longe de ser primitiva]. In: Lang, 1905, p. 192.
166. Frazer, 1910, vol. IV, p. 45 ss.
167. Ibidem, p. 48.
168. Wundt, 1912, p. 190.

outras propriedades que suscitam surpresa e temor, são reconhecidos como portadores da alma que abandona o corpo. O animal totêmico é um derivado das transmigrações da alma-sopro do animal. Desse modo, para Wundt, o totemismo deságua aqui, imediatamente, na crença nas almas ou animismo.

b) e c) A procedência da exogamia e sua relação com o totemismo

Apresentei as teorias do totemismo com algum pormenor, e, mesmo assim, receio que, em razão do necessário resumo a que tive de proceder, tenha eu prejudicado a impressão que provocaram. Com relação a outras questões, tomo a liberdade de, no interesse do leitor, oferecer algo ainda mais condensado. Em razão da natureza do material para tanto utilizado, as discussões sobre a exogamia dos povos totêmicos tornam-se especialmente complicadas e inabarcáveis; poderíamos dizer: confusas. Os objetivos deste ensaio permitem-me, ademais, que eu me limite aqui a realçar algumas diretrizes e, a fim de perseguir mais a fundo o objeto, remeta a obras detalhadas e especializadas, por mim citadas várias vezes.

A posição de um autor em relação aos problemas da exogamia por certo que não depende de ele tomar o partido dessa ou daquela teoria totêmica. Algumas dessas explicações sobre o totemismo carecem de qualquer vinculação com a exogamia, de modo que as duas instituições simplesmente se separam. Assim, contrapõem-se aqui duas visões, uma delas querendo manter a aparência original de que a exogamia seria parte essencial do sistema totêmico, a outra a contestar essa conexão, acreditando numa conjunção casual entre os dois traços das mais antigas culturas. Em seus trabalhos tardios, Frazer esposou esse último ponto de vista de maneira decidida.

> *I must request the reader to bear constantly in mind that the two institutions of totemism and exogamy are fundamentally distinct in origin and nature, though they have accidentally crossed and blended in many tribes* [Devo solicitar ao leitor que tenha sempre em mente que as duas

instituições, do totemismo e da exogamia, são fundamentalmente distintas em origem e natureza, ainda que por acidente tenham se cruzado e se mesclado em muitas tribos].[169]

Ele adverte diretamente que a perspectiva contrária pode se converter em fonte de infinitas dificuldades e mal-entendidos. Em oposição a isso, outros autores encontraram o caminho para compreender a exogamia como consequência necessária das concepções básicas do totemismo. Em suas obras, Durkheim[170] fez referência ao modo como o tabu associado ao totem tinha de trazer consigo a proibição de se ter relações sexuais com uma mulher do mesmo totem. O totem é do mesmo sangue que o homem, daí se ter que a interdição de sangue (com referência à defloração e à menstruação) proíbe as relações sexuais com mulheres que pertençam ao mesmo totem.[171] A. Lang, que a esse respeito se alinha a Durkheim, concebe até mesmo que não seria necessário o tabu de sangue para fazer vigorar a proibição quanto às mulheres da mesma tribo.[172] O tabu totêmico geral, que proíbe, por exemplo, sentar-se à sombra da árvore totêmica, para tanto teria bastado. A. Lang, a propósito, também defende outra derivação para a exogamia (*ver adiante*) e deixa pairar a dúvida sobre como ambas as explicações se relacionariam entre si.

Quanto às relações temporais, a maioria dos autores jura fidelidade à perspectiva segundo a qual o totemismo seria a instituição mais antiga, a exogamia tendo chegado depois.[173]

Entre as teorias que pretendem explicar a exogamia independentemente do totemismo, devem ser ressaltadas apenas algumas, que elucidam as diferentes posições dos autores quanto ao problema do incesto.

---

169. Frazer, "Prefácio", XII. In: Frazer, 1910.
170. *L'année sociologique*, 1898-1904.
171. Ver a crítica às apreciações sobre Émile Durkheim em Frazer, 1910, vol. IV, p. 101.
172. Lang, 1905, p. 175.
173. Por exemplo, Frazer, 1910, vol. IV, p. 75: "*The totemic clan is a totally different social organism from the exogamous clan, and we have good grounds for thinking that it is far older*" [O clã totêmico é uma organização social inteiramente diferente da classe exógama, e nós temos bons motivos para pensar que ele seja muito mais velho].

McLennan[174] tinha imaginado a exogamia de modo engenhoso, com base nas reminiscências de costumes que apontavam para o antigo rapto de mulheres. Supôs, então, que, em tempos primitivos, havia o costume universal de obter mulheres de tribos estranhas, e o casamento com uma mulher da própria tribo gradualmente se fez ilícito, porque tornado inusual.[175] O motivo para esse hábito da exogamia, ele o buscou numa falta de mulheres nas tribos primitivas, resultante do hábito de matar a maioria dos bebês do sexo feminino no nascimento. Aqui não nos interessa verificar se as circunstâncias factuais comprovam as hipóteses de McLennan. Muito mais nos interessa o argumento segundo o qual, aceitas as premissas do autor, mantém-se inexplicado o motivo de os membros homens da tribo terem tornado inacessíveis, para eles próprios, mesmo as poucas mulheres de seu sangue, bem como o modo como aqui o problema do incesto é deixado inteiramente de lado.[176]

Em oposição a isso, e evidentemente com mais razão, outros pesquisadores apreenderam a exogamia como uma instituição para a prevenção do incesto.[177]

Quando obtemos uma visão de conjunto da complicação paulatinamente crescente das restrições australianas ao matrimônio, só podemos concordar com a perspectiva de Morgan, Frazer, Howitt e Spencer[178] de que essas instituições trazem a fisionomia de um propósito deliberado ("*deliberate design*" [plano deliberado], segundo Frazer) e de que intencionavam alcançar o que efetivamente realizaram. "*In no other way does it seem possible to explain in all its details a system at once so complex and so regular*" [De nenhum outro modo parece possível explicar em todos os seus detalhes um sistema a um só tempo tão complexo e tão regular].[179]

---

174. 1865.
175. "*Improper because it was unusual*" [impróprio porque inusual].
176. Frazer, 1910, vol. IV, p. 73-92.
177. Ver o primeiro ensaio.
178. Lewis Henry Morgan, *Ancient Society*, 1877. Frazer, 1910, vol. IV, p. 105 ss.
179. Frazer, 1910, vol. IV, p. 106.

É interessante ressaltar que as primeiras dentre as restrições produzidas pela introdução das classes de matrimônio conheceram a liberdade sexual da geração mais jovem, portanto, o incesto entre irmãos e entre filhos homens e suas mães, enquanto o incesto entre pai e filha foi suspendido apenas por meio de medidas posteriores.

Mas a recondução das restrições sexuais exógamas a um propósito legislador em nada auxilia a compreensão do motivo que criou essas instituições. De onde provém, em última análise, o horror ao incesto, que tem de ser reconhecido como a raiz da exogamia? É evidente que, para explicar o horror ao incesto, não basta invocar a aversão instintiva à relação sexual entre parentes consanguíneos, como não basta invocar o fato do horror ao incesto, se a experiência social comprova que o incesto, a despeito desse instinto, ele próprio não é incidente raro mesmo em nossa sociedade de hoje, e se, pela experiência histórica, sabemos de casos em que o casamento incestuoso entre pessoas privilegiadas foi tornado preceito.

Para a explicação do horror ao incesto, Westermarck[180] alegou "que entre pessoas que vivem juntas desde a infância, tem-se uma aversão inata às relações sexuais, e que esse sentimento, uma vez que essas pessoas, via de regra, são parentes consanguíneos, encontra uma expressão natural em costumes e leis por meio do horror ao trato sexual entre parentes próximos". Sem dúvida que Havelock Ellis contestou o caráter impulsional dessa aversão em seus *Studies in the psychology of sex* [Estudos sobre a psicologia do sexo], mas, no essencial, adere à mesma explicação ao expressar:

> (...) o fato normal de que o impulso ao acasalamento não se manifesta entre irmãos e irmãs ou entre meninas e rapazes que vivem juntos desde a infância é um fenômeno puramente negativo, advindo da completa ausência, nessas circunstâncias, das precondições que despertam o impulso ao acasalamento. Entre pessoas que cresceram juntas desde

---

180. "Die Ehe" [O casamento]. In: Westermarck, 1909, vol. II. Ali se encontra também a defesa do autor contra objeções que chegaram ao seu conhecimento.

a infância, a habituação entorpeceu todos os estímulos sensoriais do ver, do ouvir e do tocar, guiando-os pela via de uma afeição tranquila e roubando-lhes o poder de suscitar a excitação erétil necessária à produção de tumescência sexual.

Parece-me bastante curioso que, nessa aversão inata às relações sexuais com pessoas com que se tenha compartilhado a infância, Westermarck veja ao mesmo tempo o representante psíquico do fato biológico de que o cruzamento consanguíneo é nocivo para a espécie. Um instinto biológico desse tipo se desvirtuaria a tal ponto em sua manifestação psicológica que, em vez de recair nos parentes consanguíneos, prejudiciais à reprodução, recairia sobre aqueles que, de todo inofensivos quanto a esse aspecto, são companheiros de moradia e de vida em grupo. Porém, também não posso deixar de compartilhar a crítica, bastante relevante, que Frazer contrapõe à afirmação de Westermarck. Frazer considera inconcebível que hoje a sensibilidade sexual não se mostre relutante diante das relações com companheiros de grupo, enquanto o horror ao incesto, que supostamente seria apenas um derivado dessa relutância, em nossos dias tenha crescido de modo avassalador. Outras intervenções de Frazer, contudo, vão ainda mais fundo, e eu aqui as citarei por extenso, já que em essência coincidem com os argumentos desenvolvidos em meu ensaio sobre o tabu.

Não é fácil entender por que razão um instinto humano profundamente enraizado deveria precisar de reforço mediante uma lei. Não há lei alguma que ordene às pessoas comer e beber ou que lhes proíba de colocar as mãos no fogo. As pessoas comem e bebem e mantêm as mãos longe do fogo por instinto, por medo de punições naturais, e não de punições estabelecidas por lei, estas que elas atrairiam ao afrontar esses impulsos. A lei proíbe às pessoas somente o que elas poderiam realizar sob a pressão de seus impulsos. O que a própria natureza proíbe e pune não precisa que a lei ainda venha proibi-lo e puni-lo. Por isso também podemos tranquilamente supor que crimes que são punidos por lei são crimes que muitas pessoas de bom grado cometeriam por inclinação natural. Se não houvesse essa inclinação, tais crimes não ocorreriam, e se tais crimes não fossem cometidos, por que motivo se os proibiria? Portanto, em vez de inferir da proibição legal ao incesto a existência de uma aversão natural a ele, deveríamos antes concluir que um instinto natural impele para o incesto e que, se a lei reprime esse impulso, como faz com outros impulsos naturais, o fundamento para tal se encontra na compreensão pelas pessoas civilizadas de que satisfazer a esses impulsos naturais traz danos à sociedade.[181]

A essa inestimável argumentação de Frazer posso acrescentar ainda que as experiências da psicanálise tornam completamente improcedente a hipótese de uma aversão inata às relações incestuosas. Tais experiências ensinaram, pelo contrário, que as primeiras moções sexuais do ser humano jovem são de natureza sistematicamente incestuosa, e que tais moções recalcadas, como forças a impulsionar neuroses posteriores, desempenham um papel que dificilmente poderemos subestimar.

Portanto, a concepção do horror ao incesto como um instinto inato deve ser abandonada. Não tem sorte melhor outra derivação da proibição ao incesto, que desfruta de inúmeros partidários e se trata da hipótese de que os povos primitivos muito cedo teriam reparado nos perigos que o cruzamento consanguíneo trazia para espécie, e de que por isso teriam decretado, de forma intencionalmente consciente, a proibição ao incesto. As objeções a essa tentativa de explicação se acumulam.[182] Não apenas é o caso de que a proibição ao incesto teria de ser mais antiga do que toda a criação de animais domésticos, com a qual o homem poderia fazer experiências sobre o efeito do cruzamento consanguíneo nas características da raça, mas também que as consequências nocivas desse cruzamento mesmo hoje não estão resguardadas de toda dúvida, apenas com dificuldade sendo comprováveis no caso do ser humano. Além disso, tudo o que sabemos sobre

---

181. Frazer, 1910, vol. IV, p. 97.
182. Ver Durkheim, "La prohibition de l'inceste". *L'année sociologique*, vol. I, 1896-1897.

os selvagens atuais torna bastante improvável que os pensamentos de seus mais remotos ancestrais já estivessem ocupados com a prevenção de danos para a sua descendência. Soa quase ridícula a pretensão de atribuir a essas criaturas humanas, que viviam sem nenhuma premeditação, motivos higiênicos e eugênicos que mesmo na cultura de nossos dias quase não são considerados.[183]

Por fim, será preciso também arguir que a proibição do cruzamento consanguíneo estabelecida por motivos de prática higiênica para evitar o enfraquecimento da raça parece-nos algo inteiramente inadequado para explicar a profunda aversão que em nossa sociedade se levanta contra o incesto. Conforme aleguei em outra passagem,[184] entre os povos primitivos que vivem hoje esse horror ao incesto parece ainda mais ativo e forte do que entre os civilizados.

Enquanto se podia esperar que também quanto a essa questão da derivação do horror ao incesto teríamos a escolha entre possibilidades de explicação sociológicas, biológicas e psicológicas, possivelmente ainda reconhecendo os motivos psicológicos como representantes dos poderes biológicos, ao final da investigação vemo-nos impelidos a aderir à resignada pontificação de Frazer: não conhecemos a procedência do horror ao incesto nem sequer sabemos em qual direção procurá-la. Nenhuma das soluções até agora apresentadas para o enigma parece-nos satisfatória.[185]

Tenho de mencionar ainda uma tentativa de explicar o surgimento do tabu do incesto, que é de tipo bem diferente das até agora consideradas. Poderíamos qualificá-la como uma derivação histórica.

Essa tentativa retoma uma hipótese de Charles Darwin sobre o estado social primevo do ser humano. Dos hábitos de vida dos símios

---

183. Darwin sobre os selvagens: "*they are not likely to reflect on distant evils to their progeny*" [não é provável que reflitam sobre males distantes para a sua progênie].
184. Ver o primeiro ensaio.
185. "*Thus the ultimate origin of exogamy and with it the law of incest — since exogamy was devised to prevent incest — remains a problem nearly as dark as ever.*" [Assim, a origem última da exogamia, e com ela a lei do incesto — uma vez que a exogamia foi concebida para prevenir o incesto —, continua a ser um problema quase tão obscuro quanto sempre foi.] Frazer, 1910, vol. I, p. 165.

superiores, Darwin inferiu que também o homem teria vivido originalmente em hordas menores, no seio das quais o ciúme do macho mais velho e mais forte impedia a promiscuidade sexual.

> Pelo que sabemos sobre os ciúmes de todos os mamíferos, muitos dos quais possuem armas especiais para o combate com seus rivais, concluímos que uma promiscuidade generalizada dos sexos no estado de natureza seria altamente improvável (...). Se, assim sendo, recuarmos suficientemente na torrente do tempo, e raciocinarmos de acordo com os hábitos sociais do homem tal como ele existe hoje, a perspectiva mais provável será aquela segundo a qual o homem originalmente vivia em pequenas comunidades, cada homem com uma mulher, ou, se ele tivesse poder, com várias, as quais ele defendia, com ciúmes de todos os outros homens. Ou ele pode não ter sido um animal social, tendo vivido, não obstante, com mais mulheres só para si, a exemplo do gorila; afinal, todos os nativos estão de acordo em que só se vê um macho adulto para cada grupo. Quando o macho jovem cresce, tem-se uma luta pelo domínio, e o mais forte então se impõe, após matar ou expulsar os demais, estabelecendo-se como chefe da coletividade (Savage. *Boston Journal of Natural History*, vol. V, 1845 a 1847). Os machos mais jovens, que assim são expulsos e têm de perambular pelo entorno, se, por fim, forem bem-sucedidos em encontrar uma esposa, também evitarão o cruzamento consanguíneo por demais estreito entre os membros de uma e a mesma família.[186]

James Jasper Atkinson[187] parece ter sido o primeiro a reconhecer que essas circunstâncias a envolver a horda primeva de Darwin, na prática, tinham de impor a exogamia aos homens jovens. Cada um desses indivíduos expulsos poderia fundar uma horda similar, na qual seria aplicável a *mesma* proibição às relações sexuais em razão

---

186. *Abstammung des Menschen* [A descendência do homem], traduzido por V. Carus, vol. II, cap. 20, p. 341.
187. James Jasper Atkinson, *Primal Law* [Lei primeval]. Londres, 1903 (com Lang, 1903).

do ciúme do chefe, e, com o passar do tempo, dessas circunstâncias resultaria a regra, agora tornada consciente como lei: nenhuma relação sexual com membros do lar. Com a instituição do totemismo, a regra assumiu outra forma: nenhuma relação sexual dentro do totem.

Andrew Lang[188] alinhou-se a essa explicação para a exogamia. Ocorre que, no mesmo livro, ele esposa a outra teoria (a de Durkheim), segundo a qual a exogamia seria consequência das leis totêmicas. Não é lá muito fácil juntar uma e outra concepção; no primeiro caso, a exogamia existia antes do totemismo, e, no segundo, ela seria uma resultante dele.[189]

3

A experiência psicanalítica lança um só raio de luz nessa escuridão.

A relação da criança com o animal é muito semelhante à do primitivo com o animal. A criança não demonstra nenhum traço da arrogância que move o homem adulto civilizado a, com uma nítida linha fronteiriça, separar sua natureza da de todos os outros animais. Ela concede aos animais, sem titubear, plena igualdade de condições;

---

188. 1905, p. 114, 143.
189. "*If it be granted that exogamy existed in practice, on the lines of Mr. Darwin's theory, before the totem beliefs lent to the practice a sacred sanction, our task is relatively easy. The first practical rule would be that of the jealous Sire: 'No males to touch the females in my camp', with expulsion of adolescent sons. In efflux of time that rule, become habitual, would be 'No marriage within the local group'. Next, let the local groups receive names, such as Emus, Crows, Opossums, Snipes, and the rule becomes: 'No marriage within the local group of animal name; no Snipe to marry a Snipe'. But, if the primal groups were not exogamous, they would become so, as soon as totemic myths and tabus were developed out of the animal, vegetable, and other names of small local groups*" [Se admitirmos, de acordo com as linhas da teoria do senhor Darwin, que a exogamia existiu na prática, antes de que as crenças totêmicas emprestassem à prática uma sanção sagrada, nossa tarefa será relativamente fácil. A primeira regra prática seria a do amor ciumento: "nenhum macho tocará as fêmeas em meu acampamento", com a expulsão dos filhos adolescentes. Com o passar do tempo, essa regra, tornada habitual, passaria a ser "nenhum matrimônio no grupo local". Na sequência, os grupos locais teriam recebido nomes como Emus, Corvos, Sarigués, Narcejas, com a regra passando a ser "nenhum casamento no grupo local de nome animal; nenhuma narceja casará com uma narceja". Mas, se os grupos primevos não fossem exógamos, eles assim se tornariam tão logo mitos e tabus totêmicos fossem desenvolvidos com base nos nomes animais, vegetais e outros, de pequenos grupos locais]. Lang, 1905, p. 143. A propósito, em sua última manifestação sobre o objeto (*Folklore*, dez. 1911), Lang compartilhou ter renunciado à derivação da exogamia do "*general totemic tabu*" [tabu totêmico geral].

e, pela desinibida confissão de suas necessidades, sente-se mais aparentada aos animais do que aos adultos, que provavelmente ela tem por enigmáticos.

Nesse notável entendimento entre criança e animal, não raro, sobrevém uma curiosa perturbação. De repente, a criança começa a temer uma determinada espécie animal, evitando tocar ou olhar todos os indivíduos dessa espécie. Produz-se o quadro clínico de uma *zoofobia*, uma das mais frequentes doenças psiconeuróticas que se têm nessa idade, talvez a sua forma mais precoce. Via de regra, a fobia recai sobre animais pelos quais a criança até então manifestou um interesse especialmente vivo, nada tendo que ver com um animal isolado. Em meio às condições urbanas, a variedade de animais passíveis de se tornarem objeto da fobia não é ampla. São cavalos, cães, gatos, mais raramente pássaros, com surpreendente frequência animais muito pequenos, como besouros e borboletas. Por vezes, animais que a criança só conhece por livros com gravuras e contos de fadas tornam-se objeto de um medo irracional e desmesurado, que se revela nessas fobias; raras vezes se chega a conhecer as vias pelas quais se deu uma escolha incomum de animal fóbico. Por isso, agradeço a Karl Abraham por ter compartilhado um caso em que a própria criança explicou o seu medo de vespas com a informação de que as cores e as listras do corpo da vespa faziam pensar no tigre, que, segundo tudo o quanto ouvira, era o caso de temer.

As zoofobias das crianças ainda não se tornaram objeto de atenta investigação analítica, por mais que a mereçam em alto grau. As dificuldades de análise com crianças em tão tenra idade provavelmente foram o motivo da omissão. Por isso, não se pode afirmar que o sentido geral dessas enfermidades seja conhecido, e sou levado a pensar que ele não poderia se apresentar como um sentido uniforme. Mas alguns casos de tais fobias orientadas para animais maiores mostraram-se acessíveis à análise e, assim, revelaram seu segredo ao investigador. Em todos os casos, deu-se a mesma coisa: o medo, no fundo, se referia ao pai, quando a criança investigada era um menino, tendo sido apenas deslocado para o animal.

Todo indivíduo com experiência em psicanálise por certo já viu casos como esses e deles recebeu a mesma impressão. Contudo, quanto a esse objeto, posso recorrer a apenas umas poucas publicações pormenorizadas. Aí se tem um acaso bibliográfico, do qual não se deve inferir que possamos apoiar nossa argumentação em meras observações isoladas. Como exemplo, cito um autor que, com plena compreensão, ocupou-se de neuroses da idade infantil, Moshé Wulff (Odessa). No contexto do histórico clínico de um garoto de 9 anos, ele narra que, aos 4 anos, esse garoto sofreu de uma fobia por cães. "Quando via um cão passando pela rua, chorava e gritava: 'Cachorro querido, não me morda, eu quero me comportar bem'. Com esse 'comportar-se bem' ele queria dizer: 'nunca mais tocar violino' (masturbar-se)."[190]

O mesmo autor, mais adiante, resume: "Sua fobia por cães é, na verdade, o medo do pai deslocado para os cães, já que sua estranha declaração 'cachorro, eu quero me comportar bem' — isto é, não se masturbar — refere-se, pois, por certo, ao pai, que lhe proibiu a masturbação". Em uma nota, ele então acrescenta algo que coincide plenamente com a minha experiência e, ao mesmo tempo, atesta a abundância dessas experiências:

> Tais fobias (fobias de cavalos, cães, gatos, galinhas e outros animais domésticos) durante a infância são tão disseminadas, creio eu, quanto o *pavor nocturnus*, e, na análise, acabam se desvelando quase sempre como um deslocamento do medo de um dos pais para os animais. Se a tão disseminada fobia de ratos e camundongos tem o mesmo mecanismo, eu não poderia afirmar.

No primeiro volume do *Jahrbuch für psychoanalytische und psychopathologische Forschungen* [Anuário de pesquisas psicanalíticas e psicopatológicas], compartilhei a "Análise da fobia de um menino de 5 anos", que me foi disponibilizada pelo pai do pequeno

---

190. Moshé Wulff, "Beiträge zur infantilen Sexualität" [Contribuições para a sexualidade infantil]. *Zentralblatt für Psychoanalyse* [Revista central de psicanálise], II, n. 1, 1912, p. 15 ss.

paciente. Era um medo de cavalos, por cuja consequência o garoto se recusava a sair à rua. Ele externava o temor de que o cavalo entraria no quarto e o morderia. Mostrou-se que isso deveria ser a punição pelo seu próprio desejo de que o cavalo caísse (morresse). Depois que, mediante garantias, o garoto perdeu o medo do pai, aconteceu que ele teve de combater desejos que tinham como conteúdo o desaparecimento (por viagem, por morte) do pai. Como deu a entender de modo especialmente claro, ele sentia o pai como concorrente pelas boas graças da mãe, a quem eram dirigidos, em obscuros vislumbres, seus germinantes desejos sexuais. Portanto, ele se encontrava em meio àquela característica atitude do filho do sexo masculino para com os pais, que denominamos "complexo de Édipo", e, nessa atitude, reconhecemos, de modo geral, o complexo nuclear das neuroses. O que ficamos sabendo de novidade pela análise do "pequeno Hans" é o fato, valioso para o totemismo, de que, sob tais condições, a criança desloca parte de seus sentimentos para com o pai a um animal.

A análise detecta as vias de associação, tanto as de conteúdo significativo como as casuais, pelas quais um tal deslocamento acontece. Também permite imaginar os motivos. O ódio advindo da rivalidade pela mãe não pode se propagar desimpedido pela vida psíquica do garoto; ele tem de lutar com a ternura e admiração que a mesma pessoa desde sempre lhe suscitou, de modo que a criança se encontra numa disposição de sentimentos ambígua — *ambivalente* — em relação ao pai, e consegue um alívio para esse conflito de ambivalência quando desloca seus sentimentos hostis e temerosos para um substituto do pai. O deslocamento, entretanto, não pode resolver o conflito de modo a produzir uma pura e simples separação entre os sentimentos ternos e os hostis. O conflito, ao contrário, prolonga-se para o objeto de deslocamento, a ambivalência se estendendo para esse último. É inegável que o pequeno Hans não tem apenas medo de cavalos, mas neles também deposita respeito e interesse. Tão logo o seu medo se reduz, ele se identifica com o animal temido, passa a saltitar feito um cavalo para então morder, por sua vez, o pai.[191] Num outro estágio de resolução da fobia, ele não se importa em identificar os pais em outros animais de grande porte.[192]

Pode-se formular a impressão de que nessas zoofobias infantis certos traços do totemismo retornam num registro negativo. Mas agradecemos a Sándor Ferenczi pela bela e pontual observação de um caso, passível de ser qualificado apenas como um totemismo positivo numa criança.[193] No entanto, no caso do pequeno Arpád, relatado por Ferenczi, os interesses totêmicos são despertados não diretamente no contexto do complexo de Édipo, mas com base no pressuposto narcísico desse mesmo complexo, o medo da castração. Mas quem analisar atentamente a história do pequeno Hans encontrará, também aí, os mais abundantes testemunhos de que o pai é admirado como o detentor do genital grande e temido como o que ameaça o genital do próprio garoto. Tanto no complexo de Édipo quanto no complexo de castração, o pai desempenha o mesmo papel, qual seja, o de temido opositor dos interesses sexuais infantis. A castração, e seu sucedâneo pela cegueira, é a punição temida por ele.[194]

Quando o pequeno Arpád tinha 2 anos e meio, certa vez, durante as férias de verão, tentou urinar no galinheiro, e, nisso, uma galinha bicou-o no membro ou quis agarrar o seu membro. Quando, um ano depois, retornou ao mesmo lugar, o próprio garoto se converteu em galinha, passou a interessar-se mais pelo galinheiro e por tudo o que ali se passava, e renunciou à sua linguagem humana em favor de cacarejos e cocoricós. No período da observação (aos 5 anos), ele tinha voltado a falar, mas, em seu discurso, ocupava-se exclusivamente de

---

191. *Gesammelte Werke*, vol. VII.
192. Em sua fantasia da girafa.
193. Sándor Ferenczi, "Ein kleiner Hahnemann" [Um pouco de Hahnemann]. *Internationales Zeitschrift für ärztliche Psychoanalyse* [Jornal internacional de psicanálise médica], I, n. 3, 1913.
194. Sobre a substituição da castração pela cegueira, presente no mito de Édipo, ver as comunicações de Reitler, Ferenczi, Rank e Eder no *Internationale Zeitschrift für ärztliche Psychoanalyse*, I, n. 2, 1913.

galinhas e outras aves. Não se entretinha com nenhum outro brinquedo, cantava apenas canções em que houvesse algo sobre aves domésticas. Seu comportamento para com seu animal totêmico era ambivalente por excelência, com desmedidos ódio e amor. Seu brinquedo preferido era o abate de galinhas. "O abate das aves domésticas é, para ele, uma festa. É capaz de dançar durante horas, agitado, em torno dos cadáveres." Mas, depois, ele beijava e acariciava o animal abatido, limpava e afagava os símiles da galinha que ele próprio maltratara.

O pequeno Arpád, pessoalmente, cuidava para que o sentido de sua curiosa prática não se mantivesse oculto. Eventualmente ele traduzia seus desejos do modo de expressão totêmico de volta para o da vida cotidiana. "Meu pai é o galo", disse certa vez. "Agora eu sou pequeno, agora eu sou um pintinho. Quando eu crescer, vou ser uma galinha. Quando eu crescer mais ainda, vou ser um galo." Em outra ocasião, de súbito desejou comer uma "mãe em conserva" (por analogia com o frango em conserva). Era bastante generoso com claras ameaças de castração dirigidas a outros, tais como ele próprio experimentara em razão de sua atividade onanista com seu membro.

Sobre a fonte de seu interesse pela agitação no galinheiro, segundo Ferenczi, não restou a menor dúvida:

> O animado trânsito sexual entre galo e galinha, a posta de ovos e a saída dos pintinhos da casca satisfaziam o seu apetite de saber sexual, que, na verdade, se aplicava à vida da família humana. Ele deu forma a seus desejos de objeto segundo o modelo da vida das galinhas quando, em uma ocasião, disse à vizinha: "Vou me casar com você e com sua irmã e com minhas três primas e com a cozinheira, não, em vez da cozinheira, prefiro a mãe!".

Mais adiante, poderemos complementar a apreciação dessa observação; por ora, salientemos apenas dois traços ao modo de valiosas correspondências com o totemismo: a plena identificação com o animal totêmico[195] e a ambivalente disposição de sentimentos para com ele. De acordo com essas observações, temos por autorizada a substituição, na fórmula do totemismo — para pessoas do sexo masculino —, do animal totêmico pelo pai. Percebemos, então, que, com isso, não damos nenhum passo novo ou especialmente ousado. Os próprios primitivos o dizem e designam o totem, na medida em que o sistema totêmico ainda hoje está em vigor, como seu antepassado e pai primordial. Mais não fazemos do que tomar em sentido literal um enunciado desses povos, com o qual os etnólogos pouco souberam o que fazer, e, por isso, preferiram deixá-lo em segundo plano. A psicanálise, ao contrário, adverte-nos de que devemos destacar precisamente esse aspecto e a ele atrelar a tentativa de explicar o totemismo.[196]

O primeiro resultado de nossa substituição é bastante notável. Quando o animal totêmico é o pai, os dois principais mandamentos do totemismo, os dois preceitos do tabu que compõem o seu núcleo — não matar o totem e não usar sexualmente nenhuma mulher que pertença ao totem — coincidem quanto ao conteúdo com os dois crimes de Édipo, que matou o pai e tomou a mãe por esposa, e com os dois desejos primordiais da criança, cujo recalque insuficiente ou cujo redespertar talvez componham o núcleo de todas as psiconeuroses. Se essa equação devesse ser mais do que um desconcertante jogo de azar, ela teria de nos permitir lançar uma luz sobre a proveniência do totemismo em tempos imemoriais. Em outras palavras, conseguiríamos fazer tornar provável que o sistema totêmico tivesse resultado das condições do complexo de Édipo, como a zoofobia do "pequeno Hans" e a perversão aviária do "pequeno Arpád". A fim de investigar essa possibilidade, a seguir passaremos a estudar uma

---

195. Na qual, segundo Frazer, dá-se o essencial do totemismo: "*Totemism is an identification of a man with his totem*" [O totemismo é uma identificação de um homem com seu totem]. 1910, IV, p. 5.
196. Agradeço a Rank pela comunicação de um caso de fobia de cão por um jovem e inteligente homem, a explicação desse caso, do modo como chegou a tal sofrimento, fazendo lembrar visivelmente a teoria totêmica dos *aruntas*, citada na página 137. Pelo seu pai, ele ficara sabendo que sua mãe, enquanto estava grávida dele, assustou-se com um cachorro.

peculiaridade do sistema totêmico ou, como podemos dizer, da religião totêmica, que até agora quase não foi mencionada.

4

William Robertson Smith, físico, filólogo, crítico da Bíblia e arqueólogo, falecido em 1894, e homem tão versátil quanto perspicaz e livre-pensador, em obra publicada em 1889, enunciou uma hipótese sobre a religião dos semitas,[197] segundo a qual uma cerimônia peculiar, a chamada "*refeição totêmica*", desde todos os primórdios se constituíra como parte integrante do sistema totêmico. Em apoio a essa conjectura, à época ele dispunha apenas da descrição de um ato semelhante, transmitido desde o século V, mas, por meio da análise dos atos sacrificiais entre os antigos semitas, ele soube elevar a hipótese a um alto grau de verossimilhança. Uma vez que o sacrifício pressupõe uma pessoa divina, trata-se, com isso, da inferência que parte de uma fase mais elevada do rito religioso e chega ao totemismo em sua fase mais baixa.

Do excelente livro de Robertson Smith intentarei agora destacar as teses que, decisivas para o nosso interesse, versem sobre origem e sobre o significado do rito sacrificial, mediante a omissão de todos os detalhes, não raro tão atraentes, e com a consequente desatenção a todos os desdobramentos posteriores. Em tal extrato encontra-se totalmente fora de questão transmitir ao leitor algo da lucidez ou da força probatória da exposição que se tem no original.

Robertson Smith assinala que o sacrifício no altar foi a peça essencial no rito da religião antiga. E, em todas as religiões, ele desempenha o mesmo papel, de modo que é preciso remeter o seu surgimento a causas muito universais, que por toda parte atuaram de maneira similar. Mas o sacrifício — a ação sagrada χατ' ἐξοχήν (*sacrificium*, ἱερουργία) — significava a princípio algo diferente do que em momentos posteriores passou a ser compreendido: a oferenda à divindade, para reconciliar-se com ela ou ganhar sua afeição (de seu sentido

---

197. William Robertson Smith, *The Religion of the Semites* [A religião dos semitas]. 2. ed. Londres, 1907.

secundário, de autorrenúncia, adveio o emprego profano do termo). Como se pode comprovar, o sacrifício foi, antes de tudo, não mais do que "*an act of social fellowship between the deity and his worshippers*" [um ato de comunhão social entre a divindade e seus adoradores], um ato de convivência, uma comunhão entre os fiéis e seu deus.

Coisas comestíveis e bebíveis eram oferecidas em sacrifício; ao seu deus o homem sacrificava o mesmo de que se nutria — carne, cereais, frutas, vinho e azeite. Apenas em relação à carne sacrificial existiam restrições e exceções. Dos sacrifícios animais, o deus se alimentava juntamente com seus adoradores, os sacrifícios vegetais sendo deixados só para ele. Não há dúvida de que os sacrifícios animais foram os mais antigos e outrora os únicos. Os sacrifícios vegetais provinham da oferenda das primícias de todos os frutos e correspondem a um tributo ao senhor do solo e da terra. Mas o sacrifício animal é mais antigo do que a agricultura.

Sabe-se por remanescentes linguísticos que, no início, a parte do sacrifício destinada ao deus era vista como o seu real alimento. Com a progressiva desmaterialização da natureza divina, essa ideia tornou-se ofensiva; passou a ser evitada, designando-se à divindade apenas a parte líquida da refeição. Mais tarde, o uso do fogo, que fazia elevar-se em fumaça a carne sacrificial no altar, permitiu um preparo do alimento humano para melhor adequá-lo à natureza divina. A substância do sacrifício de bebida era, em sua origem, o sangue de animais sacrificados; mais tarde, o vinho veio substituir o sangue. Os antigos tinham o vinho pelo "sangue da videira", como ainda hoje o chamam nossos poetas.

A modalidade mais antiga de sacrifício, mais antiga que o uso do fogo e o conhecimento da agricultura, foi, portanto, o sacrifício animal, de cuja carne e sangue desfrutavam conjuntamente o deus e seus adoradores. Era essencial que cada participante recebesse a sua parte da refeição.

Esse sacrifício era uma cerimônia pública, o festejo de todo um clã. De modo geral, a religião era um processo conjunto, e o dever religioso, parte da obrigatoriedade social. Em todos os povos, sacrifício e festividades coincidiam, cada sacrifício trazendo consigo um festejo, nenhum festejo sendo celebrado sem sacrifício. O festejo sacrificial era o ensejo para uma alegre elevação acima dos próprios interesses, para enfatizar o sentimento de unidade entre os indivíduos e com a divindade.

A potência ética da refeição sacrificial pública residia em ideias imemoriais acerca do significado do comer e beber em comum. Comer e beber com outrem era a um só tempo um símbolo e uma reiteração da comunhão social e da assunção de obrigações recíprocas; a refeição sacrificial expressava, de maneira direta, que o deus e seus adoradores eram *comensais*, com isso, estando determinadas todas as suas demais relações. Práticas que até hoje estão em vigor entre os árabes do deserto comprovam que o vinculativo na refeição em comum não é um fator religioso, mas o próprio ato de comer. Quem tiver compartilhado o menor bocado com um desses beduínos, ou bebido um gole de seu leite, não mais precisa temê-lo como inimigo, podendo, sim, estar certo de sua proteção e de seu auxílio. Contudo, não para toda a eternidade; estritamente falando, apenas enquanto a substância consumida em conjunto, como se supõe, permanecer em seu corpo. Em termos assim tão realistas é que concebe o vínculo da união; seria necessária a repetição para fortalecê-lo e torná-lo duradouro.

Mas por que motivo se atribui ao comer e beber em comum essa força vinculativa? Nas sociedades primitivas, existe apenas um laço a unir de maneira incondicionada e sem exceções, que é o laço da comunidade tribal (*kinship*). Os membros dessa comunidade comprometem-se uns com os outros de maneira solidária, e um *kin* é um grupo de pessoas cujas vidas de tal modo estão ligadas numa unidade física que podem ser consideradas partes de uma vida em comum. Então, em caso de assassinato de um indivíduo do *kin*, não se diz que o "sangue deste ou daquele" foi derramado, mas, sim, que "o nosso sangue" foi derramado. A frase hebraica com que se reconhece o parentesco tribal expressa: "Tu és meus ossos e minha carne". *Kinship*, portanto, significa ter uma participação numa substância comum.

Então, é natural que o *kinship* não apenas esteja fundado no fato de que se é parte da substância de sua mãe, da qual se nasceu e com cujo leite se nutriu, mas também a alimentação que mais tarde se consome e com que se restabelece o seu corpo pode adquirir e fortalecer o *kinship*. Se alguém partilhasse a refeição com seu deus, isso expressava a convicção de que se era uma substância com ele; quem fosse reconhecido como estranho, com este não se partilharia refeição alguma.

A refeição sacrificial era, assim, originalmente, um banquete entre parentes tribais, que seguiam a lei de que apenas parentes tribais poderiam partilhar refeições em comum. Em nossa sociedade, a refeição une os membros da família, mas a refeição sacrificial nada tem que ver com a família. O *kinship* é mais antigo do que a família; as famílias mais antigas que conhecemos, via de regra, abarcam pessoas que pertencem a diferentes vínculos de parentesco. Os homens se casam com mulheres de clãs diferentes, os filhos herdam o clã da mãe; não há nenhum parentesco tribal entre o homem e os demais membros da família. Em tal família não há refeição em comum. Ainda hoje, os selvagens comem afastados e sozinhos, e as proibições alimentares religiosas, impostas pelo totemismo, não raro lhes impossibilitam tomar refeições com a mulher e os filhos.

Voltemo-nos agora para o animal sacrificial. Conforme vimos, não havia nenhum encontro de tribo sem um sacrifício animal, mas — o que nos é significativo — tampouco havia o abate de um animal que não fosse para tal ocasião solene. Os indivíduos se alimentavam irrestritamente de frutas, da caça e do leite de animais domésticos, porém, escrúpulos religiosos tornavam impossível que matassem um animal doméstico para o seu próprio uso. Não há a menor sombra de dúvida, diz Robertson Smith, de que cada sacrifício era originalmente um sacrifício do clã, e de que *matar um animal sacrificial originalmente se encontrava entre as ações que são proibidas ao indivíduo e só justificadas quando a tribo inteira assume a responsabilidade*. Entre os primitivos existe apenas uma classe de ações a que essa caracterização se aplica, qual seja, a das ações que mexem com a sacralidade do sangue comum à tribo. Uma vida que indivíduo algum pode tirar, e que só pode ser sacrificada mediante a anuência e com participação de todos os membros do clã, está no mesmo nível que a vida dos próprios membros do clã. A regra de que todo convidado à refeição sacrificial deveria consumir a carne do animal sacrificial tem o mesmo sentido que o preceito segundo o qual a execução de um membro culpado se realizaria por toda a tribo. Em outras palavras: o animal totêmico era tratado como um parente da tribo, *a comunidade sacrificante, seu deus e o animal sacrificial eram de um único sangue,* integrantes de um clã.

Pautando-se por abundantes evidências, Robertson Smith identifica o animal sacrifical com o antigo animal totêmico. Na Antiguidade tardia havia dois tipos de sacrifício, o dos animais domésticos, que eram comidos também de hábito, e o sacrifício não habitual de animais que tinham sido proibidos por ser impuros. Uma investigação mais detida revela, então, que esses animais impuros eram animais sagrados, que em sacrifício eram oferecidos aos deuses para os quais seriam sagrados, de maneira que esses animais originalmente seriam idênticos aos próprios deuses, e que, no sacrifício, os crentes, de algum modo, enfatizavam seu parentesco de sangue com o animal e com o deus. Para tempos ainda mais primevos, contudo, não se tem essa diferença entre sacrifícios habituais e "místicos". Todos os animais são originalmente sagrados, sua carne é proibida e só pode ser consumida em ocasiões solenes, com a participação de toda a tribo. O sacrifício do animal equivale ao derramamento do sangue da tribo e tem de se dar com os mesmos cuidados e as mesmas precauções de modo a evitar repreensões.

Por toda a parte, a domesticação de animais e a ascensão da pecuária parecem ter preparado o fim do totemismo puro e estrito dos tempos primordiais.[198] Porém, o que restou de sacralidade aos ani-

---

198. "*The inference is that the domestication to which totemism invariably leads (when there are animals capable of domestication) is fatal to totemism*" [A inferência é a de que a domesticação a que o totemismo invariavelmente conduz (quando existe algum animal passível de domesticação) é fatal ao totemismo]. Frank Byron Jevons, *An Introduction to the History of Religion* [Uma introdução à história da religião]. 5. ed. 1911, p. 120.

mais domésticos na religião agora "pastoral" é nítido o bastante para que se possa reconhecer o seu caráter originalmente totêmico. Ainda no período clássico tardio, em diferentes lugares o rito prescrevia ao sacrificante que, consumado o sacrifício, empreendesse a fuga, como que para escapar de uma penalização. Na Grécia, a ideia de que a morte de um boi seria, na verdade, um crime vigorava então por toda a parte. No festival ateniense das *bufônias*, após o sacrifício instaurava-se um processo formal em que eram interrogados todos os participantes. Por fim, se chegava ao acordo de transferir a culpa pelo assassinato à faca, que era então lançada ao mar.

Apesar da reverência que protege a vida do animal sagrado como a um membro da tribo, faz-se necessário, de tempos em tempos, matar esse animal em solene comunhão e dividir sua carne e seu sangue entre os membros do clã. O motivo a ordenar esse ato revela o sentido mais profundo da natureza do sacrifício. Sabemos já que, em épocas posteriores, toda refeição em comum, a participação na mesma substância que adentra o seu corpo, produz um vínculo sagrado entre os comensais; em tempos mais antigos, esse significado parece só ter sido concedido à participação na substância de uma vítima sagrada. *O mistério sagrado da morte sacrificial justifica-se uma vez que apenas por essa via se produz o vínculo sagrado, que une os participantes entre si e com o seu deus.*[199]

Esse vínculo nada mais é do que a vida do animal sacrificial, a qual reside em sua carne e em seu sangue e é compartilhada com todos os participantes por meio da refeição sacrificial. Essa ideia subjaz a todas as *alianças de sangue*, mediante as quais as pessoas se obrigam umas para com as outras mesmo em períodos posteriores. A concepção de todo realista da comunhão de sangue como identidade da substância permite compreender a necessidade de renová-la, de tempos em tempos, com o processo físico da refeição sacrificial.

Vamos interromper aqui o compartilhamento do raciocínio de Robertson Smith para resumir o seu cerne com a máxima concisão:

---

199. Robertson Smith, op. cit., p. 113.

quando surgiu a ideia da propriedade privada, o sacrifício foi considerado uma dádiva para a divindade, ao modo de uma transferência da propriedade do homem para a do deus. Ocorre que essa interpretação não explica as peculiaridades todas do ritual de sacrifício. Em épocas antiquíssimas, o animal sacrificial era, ele próprio, sagrado, e sua vida, inviolável; só podia ser tirada mediante a participação e cumplicidade de toda a tribo e na presença do deus, a fim de fornecer a substância sagrada por cujo desfrute os membros do clã asseguravam-se de sua identidade substancial entre si e com a divindade. O sacrifício era um sacramento, e o animal sacrificial, ele próprio, um membro da tribo. Ele era, na verdade, o antigo animal totêmico, o próprio deus primitivo, por cujo sacrifício e consumo os membros do clã atualizavam e asseguravam a sua semelhança divina.

Com base nessa análise da natureza do sacrifício, Robertson Smith concluiu que o sacrifício e o consumo periódicos do totem em tempos que *antecedem a adoração de divindades antropomórficas* seriam parte significativa da religião totêmica. O cerimonial dessa refeição totêmica, pensava ele, teria se conservado na descrição de um sacrifício de épocas mais tardias. São Nilo nos relata um costume sacrificial dos beduínos no deserto do Sinai em fins do século IV. A vítima, um camelo, era atada sobre um rústico altar de pedras; o chefe da tribo fazia com que os participantes dessem três vezes a volta em torno do altar, entoando cânticos, infligia no animal a primeira chaga e bebia avidamente o sangue que jorrava; então, toda a comunidade se lançava sobre a vítima; com as espadas, cortava pedaços da carne palpitante e os devorava, crus, com tamanho alvoroço que, no breve ínterim transcorrido entre a ascensão da estrela da manhã e o empalidecer do astro ante os raios do sol, tudo o que houvesse do animal sacrificial — corpo, ossos, pele, carne e vísceras — havia sido devorado. Esse rito bárbaro, testemunho de eras antiquíssimas, segundo todas as provas não constituía um uso isolado, mas, sim, a forma originária universal do sacrifício totêmico, que, em momentos posteriores, passou pelas mais diversas mitigações.

Muitos autores se recusaram a conferir peso à concepção da refeição totêmica, já que ela não podia ser corroborada mediante a observação direta no estágio do totemismo. O próprio Robertson Smith ainda nos indicou exemplos pelos quais o valor sacramental do sacrifício parece garantido, por exemplo, nos sacrifícios humanos dos astecas e de outros, que nos lembram das condições da refeição totêmica, como o sacrifício do urso da tribo do urso dos *ouataouaks*, na América do Norte, e das festas do urso dos ainos do Japão. Frazer compartilhou pormenorizadamente esses casos e outros semelhantes nos dois volumes de sua grande obra, *The Golden Bought*, que foram publicados por último, em 1912.[200] Uma tribo indígena na Califórnia que adora uma grande ave de rapina (busardo) mata-a em cerimônia solene uma vez por ano, e, depois disso, a ave é pranteada e tem a sua pele conservada com as penas. Os indígenas zunis, no Novo México, procedem da mesma forma com sua tartaruga sagrada.

Nas cerimônias *intichiuma* das tribos do centro da Austrália, observou-se um traço que se harmoniza à excelência com as premissas de Robertson Smith. Toda tribo que exerce a magia para a multiplicação de seu totem, este cujo consumo, porém, se lhe encontra proibido, vê-se obrigada a consumir algo de seu totem durante a cerimônia, antes que ele se faça acessível às outras tribos. Segundo Frazer, o mais belo exemplo desse consumo sacramental do totem, via de regra proibido a outros, pode ser encontrado entre os *binis*, na África Ocidental, em conexão com o cerimonial de sepultamento.[201]

É nosso desejo, porém, seguir Robertson Smith na hipótese de que o sacrifício sacramental e o consumo conjunto do animal totêmico via de regra proibido seriam um traço significativo da religião totêmica.[202]

---

200. Nos capítulos "Eating the God" [Comendo o deus] e "Killing the Divine Animal" [Matando o animal divino] da parte V, "Spirits of the Corn and of the Wild" [Espíritos do milho e da caça] (1912).
201. Frazer, 1910, vol. II, p. 590.
202. As objeções produzidas por diferentes autores (Marillier, Hubert e Mauss, entre outros) contra essa teoria do sacrifício não me são desconhecidas, mas, no essencial, não comprometeram a impressão causada pelas teorias de Robertson Smith.

5

Passemos a imaginar a cena de tal refeição totêmica e dotemo-la ainda com alguns traços prováveis que até agora não puderam ser apreciados. O clã mata o seu animal totêmico de forma cruel numa ocasião solene e o devora cru, com seu sangue, carne e ossos; nisso, os membros da tribo encontram-se fantasiados à semelhança do totem, imitam-no em sons e movimentos, como se quisessem acentuar a identidade entre eles. Ali se faz presente a consciência de que realizam uma ação proibida a cada indivíduo, passível de ser justificada somente com a participação de todos; ninguém pode ser excluído da morte sacrificial e da refeição. Após o ato, o animal assassinado é objeto de pranto e lamento. O lamento fúnebre é obrigatório, imposto pelo medo de uma vingança ameaçadora, sendo o seu principal propósito — como assinala Robertson Smith a respeito de uma ocasião análoga — eximir-se da responsabilidade pelo assassínio.

Mas, depois desse luto, segue-se a mais ruidosa alegria festiva, o desencadeamento de todos os impulsos e a licença a todas as satisfações. A compreensão da essência do *festejo* se nos dá aqui sem nenhum esforço.

Um festejo é um excesso permitido ou, mais ainda, um excesso imperioso, violação cerimoniosa de uma proibição. Não que as pessoas provoquem tumultos porque algum preceito as ponha alegres, mas, sim, porque o excesso reside na essência do festejo; o ânimo festivo é produzido pela permissão de tudo o que normalmente é proibido.

Ora, o que significa o preâmbulo a essa festiva alegria, o luto pela morte do animal totêmico? Se as pessoas se alegram com a morte do totem, normalmente interditada, por que haveria também luto por essa morte?

Ficamos sabendo que os membros do clã se sacralizam ao consumir o totem, fortalecem-se em sua identificação com ele e uns com os outros. O fato de terem recebido a vida sagrada, cuja portadora é a substância do totem, poderia bem explicar a atmosfera festiva e tudo o quanto dela se segue.

A psicanálise nos revelou que o animal totêmico, na, verdade, é o substituto do pai, e, com isso, vinha se harmonizar a contradição de que normalmente é proibido matá-lo e seu assassínio se converte em festividade na qual se mata o animal; que, não obstante, é pranteado. A disposição ambivalente de sentimentos, que ainda hoje caracteriza o complexo paterno em nossas crianças e não raro prossegue na vida dos adultos, se estenderia também ao animal totêmico, substituto do pai.

Só mesmo quando unimos a tradução do totem dada pela psicanálise com o fato da refeição totêmica e da hipótese darwiniana sobre o estado primevo da sociedade humana é que se tem a possibilidade de uma compreensão mais profunda, o vislumbrar de uma hipótese que, mesmo podendo parecer fantasiosa, oferece a vantagem de produzir uma unidade inesperada entre as séries de fenômenos que até agora se apresentavam separadas.

Naturalmente que a horda primordial darwiniana não tem nenhum espaço para os primórdios do totemismo. Tem-se aí um pai violento, ciumento, que fica com todas as fêmeas para si e expulsa os filhos crescidos, e nada além disso. Esse estado primevo da sociedade não se deu como objeto de observação em parte alguma. O que encontramos ao modo de mais primitiva organização, e que ainda hoje está em vigor em certas tribos, são *ligas masculinas*, que são constituídas por membros com os mesmos direitos, submetidos às restrições do sistema totêmico e, com isso, à hereditariedade por linha materna. Pode uma coisa ter advindo da outra? Por qual caminho isso se fez possível?

Ficamos autorizados a dar uma resposta se invocarmos a celebração da refeição totêmica: certo dia,[203] os irmãos expulsos se juntaram, trucidaram e devoraram o pai, com isso pondo um fim à horda paterna. Juntos, ousaram e conseguiram o que individualmente lhes seria impossível (pode ser que um progresso cultural,

---

203. Como corretivo a essa apresentação, que, de outro modo, seria mal compreendida, solicito que se acrescentem as últimas frases da nota a seguir.

como o manuseio de uma nova arma, tenha lhes conferido um sentimento de superioridade). Para os canibais selvagens, o ato de também devorarem aquele que foi morto por eles é algo evidente. O violento pai primevo certamente era o modelo invejado e temido por cada um dos membros de um bando de irmãos. Agora, no ato de devorá-lo, consumam a identificação com ele, cada qual se apropriando de uma parte de sua força. A refeição totêmica, possivelmente o primeiro festejo da humanidade, seria a repetição e a comemoração desse feito memorável e criminoso, com o qual tiveram início tantas coisas, como as organizações sociais, as restrições morais e a religião.[204]

---

204. A hipótese, aparentemente uma monstruosidade, da subjugação e do assassinato do pai tirânico pela união dos filhos expulsos surgiu também para Atkinson como consequência direta das condições da horda primeva darwiniana. *"The patriarch had only one enemy whom he should dread (...). A youthful band of brothers living together in forced celibacy, or at most in polyandrous relation with some single female captive. A horde as yet weak in their impubescence they are, but they would, when strength was gained with time, inevitably wrench by combined attacks renewed again and again, both wife and life from the paternal tyrant"* [O patriarca tinha apenas um inimigo a quem ele deveria temer (...). Um bando juvenil de irmãos a conviver num celibato forçado ou, no máximo, em relação poliândrica com alguma fêmea cativa isolada. Por mais que fosse uma horda ainda débil em sua impubescência, ao ganhar força com o passar do tempo, inevitavelmente arrancaria do tirano paterno, por combinados ataques renovados continuamente, a mulher e a vida] (Atkinson, op. cit., p. 220-221). O autor, que, a propósito, viveu na Nova Caledônia e teve uma oportunidade incomum para estudar os nativos, também invoca o fato de as hordas primevas supostas por Darwin serem facilmente observáveis em rebanhos de bois e cavalos, em geral levando à morte do animal paterno. Ele supõe, ademais, que, após a eliminação do pai, a horda se desagrega em razão da luta encarniçada entre os filhos vitoriosos. Desse modo, não mais se teria uma nova organização da sociedade: *"an ever recurring violent succession to the solitary parternal tyrant by sons, whose parricidal hands were so soon again clenched in fratricidal strife"* [uma sucessão sempre violenta do solitário tirano paterno pelos filhos, cujas mãos parricidas logo estariam trincadas numa luta fratricida] (p. 228). Atkinson, sem dispor das indicações da psicanálise e desconhecendo os estudos de Robertson Smith, encontra uma passagem menos violenta da horda primeva para o estágio social subsequente, e, neste, um sem-número de homens vive em comunidade pacífica. Segundo ele, o amor de mãe impõe a permanência dos filhos na horda, primeiramente apenas os mais novos, mais tarde também os outros, e, para tanto, esses tolerados reconhecem a prerrogativa sexual do pai sob a forma da renúncia por eles exercida em relação à mãe e às irmãs.
Temos o bastante sobre a teoria altamente notável de Atkinson e sua concordância em aspectos essenciais com o aqui exposto, e também sua divergência em relação a ele, que implica a abstenção de tal teoria em realizar conexões com tantos outros aspectos.

A fim de, prescindindo de suas premissas, tornar críveis essas consequências, é preciso apenas supor que o bando de irmãos amotinados estava dominado pelos mesmos sentimentos contraditórios em relação ao pai que podemos constatar como conteúdo da ambivalência do complexo paterno em cada uma de nossas crianças e de nossos neuróticos. Eles odiavam o pai, que tão incisivamente se punha no caminho de sua necessidade de poder e de suas pretensões sexuais, mas também o amavam e o admiravam. Depois de o terem eliminado, depois de terem saciado o seu ódio e realizado o seu desejo de identificação com ele, tinham de fazer valer as moções ternas, nesse ínterim subjugadas.[205] Isso se deu sob a forma de arrependimento, tendo surgido uma consciência de culpa, que aqui vem coincidir com o arrependimento sentido em conjunto. O morto agora se tornava mais forte do que o vivo tinha sido; tudo isso vemos ainda hoje nos destinos humanos. O que antes ficara obstruído por sua existência, eles próprios agora o proíbem na situação psíquica da "*obediência* a posteriori", que pelas psicanálises conhecemos tão bem. Revogaram o seu feito ao declarar ilícito o assassinato do substituto paterno, o totem, e abdicaram de seus frutos, já que renunciaram às mulheres libertadas. Desse modo, com a *consciência de culpa do filho*, criaram os dois tabus fundamentais do totemismo, que, por isso mesmo, haveriam de coincidir com os dois desejos recalcados do complexo de Édipo. Quem atentasse contra eles se faria culpado pelos dois únicos crimes a afligir a sociedade primitiva.[206]

A imprecisão, a abreviação temporal e a compressão conteudística dos dados presentes em meus apontamentos acima, posso bem tomá-las como uma abdicação demandada pela natureza do objeto. Não faria sentido algum aspirar à exatidão em assuntos como esse, assim como seria injusto exigir certezas.
205. Essa nova disposição de sentimentos viu-se favorecida pelo fato de que nenhum dos feitos pôde satisfazer plenamente seus executores. Em certo sentido, isso ocorreu em vão. Nenhum dos filhos foi capaz de impor seu desejo original, de tomar o lugar do pai. Porém, como sabemos, o insucesso é uma reação moral muito mais conveniente que a satisfação.
206. "*Murder and incest, or offences of a like kind against the sacred laws of blood, are in primitive society the only crimes of which the community as such takes cognizance* (…)" [O assassinato e o incesto, ou transgressões de semelhante estirpe às leis sagradas de sangue, são, na sociedade primitiva, os únicos crimes reconhecidos pela comunidade enquanto tal (…)]. Robertson Smith, op. cit., p. 419.

Os dois tabus do totemismo, com os quais se inicia a moralidade do ser humano, não são psicologicamente de igual valor. Apenas o primeiro, a proteção do animal totêmico, reside de todo em motivos emocionais; sim, o pai fora eliminado, e, na realidade, não havia como repará-lo. Mas o outro, a proibição do incesto, tinha igualmente uma forte fundamentação prática. A necessidade sexual não unifica os homens, mas, sim, os divide. Mesmo os irmãos tendo se aliado para subjugar o pai, cada qual se fez rival dos outros para ficar com as mulheres. Como o pai, cada qual quereria todas para si, e, na luta de todos contra todos, a nova organização sucumbiria. Já não haveria nenhum superpoderoso que, com êxito, pudesse desempenhar o papel do pai. Com isso, aos irmãos, se quisessem levar uma vida em comum, nada mais restaria além de — possivelmente após a superação de graves incidentes — instaurar a proibição ao incesto, por meio da qual todos renunciavam ao mesmo tempo às mulheres desejadas, estas que, no entanto, haviam sido o principal motivo para a eliminação do pai. Desse modo, eles salvavam a organização, que os tinha tornado fortes e que podia se fundar em sentimentos e atividades homossexuais, passíveis de ter se configurado entre eles à época da expulsão. Talvez tenha sido também nessa situação que se criou o germe para as instituições do *direito materno*, reconhecidas por Johann Jakob Bachofen, até esse direito ter sido substituído pelo ordenamento familiar patriarcal.

Ao outro tabu, que protege a vida do animal totêmico, vem se atrelar, em contrapartida, a pretensão do totemismo de ser classificado como um primeiro ensaio de religião. Se, à sensibilidade dos filhos varões, o animal se oferecia como substituto natural e evidente do pai, com o tratamento que lhe dispensavam e que compulsoriamente se lhes impunha, expressou-se algo mais do que a necessidade de demonstrar o seu arrependimento. Com o substituto do pai se podia fazer a tentativa de atenuar o ardente sentimento de culpa, para se conseguir uma espécie de reconciliação com o pai. O sistema totêmico era como que um contrato com o pai, pelo qual este prometia tudo o que a fantasia infantil tinha o direito de dele esperar

— proteção, assistência e preservação — e, em compensação, os filhos estavam obrigados a lhe respeitar a vida, ou seja, a não repetir com ele o ato pelo qual o pai real tinha perecido. No totemismo havia também uma tentativa de justificação: "Se o pai tivesse nos tratado como o totem, jamais teríamos caído na tentação de matá-lo". Portanto, o totemismo ajudou a encobrir as circunstâncias e a esquecer-se do episódio a que se deveu o seu surgimento.

Desse modo se criaram traços característicos que doravante se mantiveram determinantes para o caráter da religião. A religião totêmica fez-se advinda da consciência de culpa dos filhos como tentativa de apaziguar esse sentimento e de reconciliar o pai enxovalhado mediante a obediência *a posteriori*. Todas as religiões posteriores revelam-se tentativas de solução do mesmo problema, variáveis a depender do estado cultural em que são empreendidas e dos caminhos por elas trilhados, sendo, porém, todas reações de igual meta ao mesmo grande acontecimento com que se iniciou a cultura, e desde o qual a humanidade não mais encontrou repouso.

Outro traço a que a religião se manteve fiel sobressaiu-se já outrora no totemismo. A tensão de ambivalência provavelmente era grande demais para que alguma instituição pudesse nivelá-la por um meio qualquer, ou talvez as condições psicológicas não favoreçam em nada a eliminação dessas oposições de sentimento. A religião totêmica abrange não apenas as manifestações de arrependimento e as tentativas de reconciliação, mas serve também à recordação do triunfo sobre o pai. A satisfação assim produzida permite que se dê início ao festejo comemorativo da refeição totêmica, pela qual são anuladas as restrições da obediência *a posteriori*, e converte-se em obrigatoriedade o crime do parricídio ser incontáveis vezes repetido no sacrifício do animal totêmico, sempre que o ganho obtido com aquele feito — a apropriação das características do pai — ameace desaparecer em decorrência das mutantes influências da vida. Não nos surpreenderíamos ao descobrir que também o componente do desafio do filho varão frequentes vezes reaparece em formações religiosas ulteriores, e isso sob os mais curiosos disfarces e rodeios.

Se até aqui, tanto na religião como no preceito moral, que no totemismo se separam com ainda bem pouca nitidez, seguimos as consequências da corrente de ternura para com o pai convertida em arrependimento, com isso não pretendemos ignorar que, no essencial, elas venceram as tendências que coagiram ao parricídio. Os sentimentos sociais fraternos, nos quais reside a grande subversão, a partir de então e por longo tempo conservaram a mais profunda influência sobre o desenvolvimento da sociedade. Eles conseguem expressão na sacralização do sangue comum, na ênfase da solidariedade entre todas as vidas do mesmo clã. Uma vez que os irmãos assim asseguram a vida uns aos outros, eles enunciam que nenhum deles poderá ser tratado pelo outro como o pai foi tratado por todos em conjunto. Excluem uma repetição do destino do pai. À proibição religiosamente fundada de matar o totem vem agora se acrescer a proibição socialmente fundada do fratricídio. Levará ainda longo tempo até que esse mandamento deixe de se restringir aos membros da tribo, assumindo esta simples formulação: "Não matarás". De início, a *horda paterna* foi substituída pelo *clã de irmãos*, que se assegura mediante o vínculo de sangue. A sociedade repousava, neste momento, na cumplicidade quanto ao crime perpetrado coletivamente, a religião, na consciência de culpa e no arrependimento a ele relacionados, a moralidade, em parte nas necessidades dessa sociedade, e, em outra parte, nas expiações demandadas pela consciência de culpa.

Desse modo, em oposição às concepções mais recentes e com base nas concepções mais antigas do sistema totêmico, a psicanálise nos convida a sustentar uma conexão íntima e a origem simultânea de totemismo e exogamia.

6

Encontro-me sob o efeito de um grande número de fortes motivos capazes de me deter ante a tentativa de descrever o desenvolvimento posterior das religiões desde o seu início no totemismo até o seu estágio atual. Desejo apenas perseguir dois fios que vejo assomar com especial nitidez na urdidura: o motivo do sacrifício totêmico e a relação do filho com o pai.[207]

Robertson Smith ensinou-nos que a antiga refeição totêmica retorna sob a forma original do sacrifício. O sentido da ação é o mesmo: a sacralização mediante a participação na refeição conjunta; também a consciência de culpa aí se mantém, podendo ser apaziguada apenas mediante a solidariedade de todos os participantes. O que veio a se agregar aí foi a divindade tribal, em cuja imaginada presença se consuma o sacrifício, divindade esta que toma parte na refeição tal como um membro da tribo, e com ela os membros se identificam mediante a ingestão da vítima. De que modo se achega o deus nessa situação que originalmente lhe é estranha?

A resposta poderia ser a de que, nesse ínterim — não se sabe de onde —, emergiu a ideia de deus, essa ideia submeteu toda a vida religiosa, e, tal como tudo o que pretendesse permanecer, também a refeição totêmica teve de conseguir sua inclusão no novo sistema. Só mesmo a investigação psicanalítica da pessoa tomada individualmente nos ensina, com particular veemência, que para cada indivíduo o deus é moldado segundo o pai, que sua relação pessoal com deus depende de sua relação com o pai corpóreo, varia e se transforma de acordo com ela, e que deus, no fundo, nada mais é do que um pai elevado. Também aqui, como no caso do totemismo, a psicanálise aconselha dar crédito aos crentes, que chamam o deus de pai como chamavam de antepassado o totem. Se a psicanálise merece alguma consideração, e sem prejuízo a todas as demais origens e significados de deus, aos quais ela não pode lançar nenhuma luz, a porção paterna na ideia de deus tem de ser muito importante. Mas, então, na situação do sacrifício primevo, o pai seria substituído duas vezes, uma vez como deus, e outra, como animal sacrificial totêmico, e com toda a modéstia, em razão da reduzida variedade das soluções psicanalíticas, teríamos de perguntar se isso é possível e que sentido pode ter.

---

207. Ver a obra de Jung, em parte dominada por pontos de vista divergentes, "Wandlungen und Symbole der Libido". *Jahrbuch für psychoanalytische Forschungen*, vol. IV, 1912.

Sabemos que existem relações múltiplas entre o deus e o animal sagrado (totem, animal sacrificial): 1. Todo deus tem, em geral, um animal que lhe é consagrado, não raro mesmo mais de um; 2. em certos sacrifícios, especialmente sagrados, os "místicos", ao deus era oferecido em sacrifício precisamente o animal que lhe era consagrado;[208] 3. o deus era frequentemente venerado sob a forma de um animal, ou, vendo-se de outro modo, animais eram venerados como deuses muito tempo depois de transcorrida a época do totemismo; 4. nos mitos, com frequência o deus se converte num animal, muitas vezes naquele que lhe é consagrado. Assim, evidencia-se a hipótese de que o próprio deus seria o animal totêmico, que, num estágio posterior da sensibilidade religiosa, tinha evoluído com base no animal totêmico. Mas a ponderação de que o próprio totem nada mais é do que um substituto do pai nos exime de qualquer discussão adicional. Desse modo, ele pode ser a primeira forma do substituto do pai, e o deus, uma forma posterior, na qual o pai recuperou sua forma humana. Com uma tal recriação estando na raiz de toda a formação religiosa, o *anseio pelo pai* pôde se tornar possível quando, com o passar do tempo, a relação com o pai — e talvez também com o animal — tenha se modificado essencialmente.

Tais mudanças se dão a imaginar facilmente, ainda que se queira desconsiderar o início de um distanciamento psíquico em relação ao animal e a desagregação do totemismo pela domesticação.[209] Na situação produzida pela eliminação do pai, tem-se um fator no qual, com o passar do tempo, tinha de se produzir uma extraordinária intensificação do anseio pelo pai. Os irmãos, que haviam se unido para o assassinato do pai, encontravam-se já cada um por si animados pelo desejo de se tornarem iguais a ele e tinham conferido expressão a esse desejo mediante a incorporação de partes de seu substituto na refeição totêmica. Esse desejo teve de se manter insaciado em decorrência da pressão exercida pelos vínculos do clã dos

---

208. Robertson Smith, op. cit.
209. Ver p. 165.

irmãos sobre cada participante. Ninguém mais podia nem teria a permissão de alcançar os plenos poderes do pai, ainda que por tais poderes todos tenham aspirado. Com isso, após um longo período, a exasperação com o pai, a qual os coagira ao ato, pôde ser abrandada, crescendo o anseio em relação a ele, e pôde surgir um ideal que tinha como conteúdo a plenitude de poder e a ausência de limites do pai primevo outrora combatido, bem como a disposição de se submeter a ele. Como consequência de incisivas mudanças culturais, a igualdade democrática original de todos os membros da tribo tomados individualmente já não mais podia se manter; com isso, mediante inspiração na veneração de indivíduos que se sobressaíram, revelou-se uma predisposição a reviver o antigo ideal do pai na criação dos deuses. Que um homem se torne deus e que um deus morra — isso que hoje nos parece uma revoltante impertinência —, de modo algum era algo escandaloso para as possibilidades de representação da Antiguidade clássica.[210] Mas o enaltecimento do pai outrora assassinado à condição de deus, do qual a tribo agora fazia derivar a sua origem, era uma tentativa de expiação muito mais séria do que fora, em seu tempo, o contrato com o totem.

Onde, nesse desenvolvimento, se encontra o lugar das grandes divindades maternas, que talvez tenham universalmente precedido as divindades paternas, isto não sei especificar. Mas parece certo que a mudança na relação com o pai não se limitou à esfera religiosa, e, sim, estendeu-se de modo consequente para o outro aspecto da vida humana, que, influenciado pela eliminação do pai, é a organização

---

210. "*To us moderns, for whom the breach which divides the human and the divine has deepened into an impassable gulf, such mimicry may appear impious, but it was otherwise with the ancients. To their thinking gods and men were akin, for many families traced their descent from a divinity, and the deification of a man probably seemed as little extraordinary to them as the canonization of a saint seems to a modern catholic*" [Para nós, modernos, a brecha a dividir o humano e o divino aprofundou-se num abismo intransponível, e tais imitações podem parecer ímpias, mas as coisas eram diferentes com os antigos. Pela sua maneira de pensar, deuses e homens eram afins, pois muitas famílias faziam remontar sua ascendência a uma divindade, e o endeusamento de um homem provavelmente lhes parecia tão pouco extraordinário quanto a canonização de um santo parece a um católico moderno]. Frazer, "The Magic Art", vol. II, p. 177. In: Frazer, 1911.

social. Com o estabelecimento das divindades paternas, a sociedade sem pai gradualmente se converteu numa sociedade patriarcal. A família fez-se uma restauração da horda primeva de outrora e restituiu aos pais também uma grande parcela de seus antigos direitos. Agora, de novo, se tinham pais, mas não houve renúncias às conquistas sociais do clã dos irmãos, e a distância factual entre os novos pais de família e o pai primevo ilimitado da horda era grande o bastante para garantir a perpetuação da necessidade religiosa, a conservação do insaciado anseio pelo pai.

Portanto, na cena sacrificial ante o deus da tribo, o pai encontra-se efetivamente contido duas vezes, como deus e como animal sacrificial totêmico. Porém, ao procurar compreender essa situação, devemos nos acautelar diante de leituras que, numa concepção superficial, queiram traduzi-la como uma alegoria, nisso esquecendo-se da estratificação histórica. A presença dupla do pai corresponde aos dois significados da cena, que, ao longo do tempo, se substituem um ao outro. A atitude ambivalente para com o pai encontrou aqui uma expressão plástica, da mesma forma que a vitória das moções ternas de sentimento do filho sobre suas moções hostis. A cena da subjugação do pai, de seu maior rebaixamento, converteu-se aqui em material para a figuração do seu mais elevado triunfo. O significado que o sacrifício adquiriu em termos universais reside precisamente em ele oferecer ao pai a reparação pela infâmia contra ele perpetrada, na mesma ação que mantém viva a lembrança desse ato atroz.

Num desenvolvimento posterior, o animal perde a sua sacralidade, e o sacrifício, a relação com a celebração totêmica; o sacrifício passa a ser uma simples oferenda à divindade, um autodespojamento em favor do deus. O próprio deus encontra-se agora em condição tão elevada acima dos homens que só é possível venerá-lo com a mediação do sacerdote. Ao mesmo tempo, o ordenamento social conhece reis divinos, que transferem o sistema patriarcal para o Estado. Temos de dizer que a vingança do pai derrubado e reintegrado é uma vingança dura, o império da autoridade alcançando o seu ponto máximo. Os filhos subjugados se valeram da nova relação para atenuar ainda mais a sua consciência de culpa. O sacrifício, tal como está nesse momento, incide inteiramente fora de sua responsabilidade. O próprio deus o exigiu e decretou. A essa fase pertencem mitos em que o próprio deus mata o animal que lhe é consagrado, que ele mesmo efetivamente é. Aí se tem a mais extremada recusa da grande atrocidade com a qual tiveram início a sociedade e a consciência de culpa. Um segundo significado dessa última figuração do sacrifício não pode ser negligenciado. Ele expressa a satisfação por se ter abandonado o anterior substituto do pai em favor da representação de deus, mais elevada. A tradução alegórica superficial da cena coincide, aqui, aproximadamente, com a sua interpretação psicanalítica. Segundo aquela: tem-se que o deus supera a porção animal de sua natureza.[211]

Nesses tempos de renovada autoridade paterna, contudo, seria equivocado alguém querer acreditar que as moções hostis, pertencentes ao complexo paterno, teriam emudecido completamente. Das primeiras fases de domínio das duas novas formações de substitutos paternos, que são os deuses e os reis, conhecemos, na verdade, as mais enérgicas manifestações dessa ambivalência, que se mantém característica da religião.

Em *The Golden Bough*, Frazer propôs a hipótese de que os primeiros reis das tribos latinas seriam estrangeiros, que desempenhavam o papel de uma divindade, e nesse papel eles eram executados de maneira solene em determinado dia festivo. O sacrifício anual (variante: autossacrifício) de um deus parece ter sido um traço essencial das religiões semíticas. O cerimonial do sacrifício humano nos mais diferentes pontos da Terra habitada deixa poucas dúvidas

---

211. Nas mitologias, a superação de uma geração de deuses por outra significa, notoriamente, o processo histórico de substituição de um sistema religioso por um novo, seja em decorrência da conquista por um povo estrangeiro ou pela via da evolução psicológica. Nesse último caso, o mito se aproxima dos "fenômenos funcionais" no sentido de Herbert Silberer. Que o deus que mata o animal seja um símbolo libidinal, como afirma Jung, isso pressupõe um conceito de libido diferente do que até agora foi utilizado, e é algo que me parece de todo questionável.

de que esses homens encontravam o seu fim como representantes da divindade, e essa prática sacrificial pode ser acompanhada mesmo em épocas posteriores, com a substituição da pessoa viva por uma imitação inanimada (boneco). O sacrifício teantrópico do deus, que aqui eu infelizmente não posso tratar com a mesma profundidade que o sacrifício animal, lança uma clara luz retrospectiva ao sentido das formas de sacrifício mais antigas. Com uma quase insuperável sinceridade, tal sacrifício confessa que o objeto da ação sacrificial sempre foi o mesmo, idêntico ao que agora veneramos como deus, sendo, assim, o pai. A pergunta pelo nexo entre sacrifício animal e humano encontra agora uma solução simples. O sacrifício animal original era já um substituto para um sacrifício humano, para o assassínio cerimonial do pai, e, quando o substituto do pai tornou a receber sua forma humana, também o sacrifício animal pôde novamente se converter no sacrifício humano.

Desse modo, a lembrança daquele primeiro grande ato sacrificial revelou-se indestrutível, apesar de todos os esforços para esquecê-lo, e precisamente quando se pretendeu o máximo distanciamento dos motivos que levaram a ele, sua repetição sem deformidades teve de aflorar sob a forma de sacrifício do deus. Não preciso assinalar aqui os desdobramentos do pensamento religioso que, ao modo de racionalizações, possibilitaram esse retorno. Robertson Smith, por certo alheio à nossa redução do sacrifício àquele grande acontecimento da Pré-história humana, informa que as cerimônias de festejo com as quais os antigos semitas celebravam a morte de uma divindade eram interpretadas como *"commemoration of a mythical tragedy"* [comemoração de uma tragédia mítica], e que, nelas, o lamento não teria o caráter de uma participação espontânea, mas, sim, era algo obrigatório, imposto pelo medo da ira divina.[212] Cremos reconhecer

---

212. Robertson Smith, op. cit., p. 412-413. *"The mourning is not a spontaneous expression of sympathy with the divine tragedy, but obligatory and enforced by fear of supernatural anger. And a chief object of the mourners is to disclaim responsibility for the god's death — a point which has already come before us in connection with theanthropic sacrifices, such as the 'ox-murder at Athens'"* [O luto não é uma expressão espontânea de simpatia para com a tragédia

que tal seria uma interpretação acertada e que os sentimentos dos celebrantes encontravam sua boa explicação na situação subjacente.

Aceitemos agora como fato que também no posterior desenvolvimento das religiões os dois fatores propulsores, a saber, a consciência de culpa do filho e o desafio filial, jamais se extinguiriam. Toda tentativa de solução do problema religioso, toda espécie de reconciliação das duas forças psíquicas em conflito se fazem paulatinamente irrelevantes, provavelmente sob a influência combinada de acontecimentos históricos, mudanças culturais e transformações psíquicas interiores.

Com sempre maior nitidez emerge a ambição do filho em tomar o lugar do deus pai. Com a introdução da agricultura, a importância do filho na família patriarcal aumenta. Ele ousa novas manifestações de sua libido incestuosa, que encontra satisfação simbólica na lavoura da Mãe Terra. Surgem as figuras divinas de Átis, Adônis, Tamuz e outros, espíritos da vegetação e ao mesmo tempo divindades juvenis, que desfrutam das boas graças amorosas das divindades maternas e realizam o incesto com a mãe em desafio ao pai. Ocorre que a consciência de culpa, que não é apaziguada por essas criações, expressa-se nos mitos, que a esses jovens amantes das deusas maternas conferem uma vida breve e uma punição por emasculação ou pela ira do deus pai sob a forma animal. Adônis é morto pelo javali, o animal sagrado de Afrodite; Átis, o amante de Cibele, morre por emasculação.[213] O pranto e a alegria pela ressurreição desses deuses

---

divina, mas é obrigatório e imposto pelo medo da ira sobrenatural. E um objetivo primordial dos enlutados é o de negar a sua responsabilidade para com a morte do deus — tema com que já nos deparamos em conexão com os sacrifícios antrópicos, como a "matança do boi em Atenas"].

213. O medo da castração desempenha um papel extraordinariamente grande nos distúrbios da relação com o pai em nossos jovens neuróticos. Com base na bela observação de Ferenczi, vimos de que modo o menino reconhece o seu totem no animal que tenta apanhar seu pequeno membro. Ao que nossos filhos ficam sabendo da circuncisão ritual, equiparam-na à castração. Até onde sei, o paralelo a esse comportamento das crianças na psicologia dos povos ainda não foi realizado. A circuncisão, tão frequente na Pré-história e entre os povos primitivos, é um momento importante da iniciação masculina, no qual ela tem de encontrar seu significado, apenas secundariamente sendo deslocada para períodos mais precoces da

passaram para o ritual de outra divindade filial, que estava destinada ao êxito duradouro.

Quando o cristianismo iniciou a sua entrada no mundo antigo, encontrou a concorrência da religião de Mitra, e, por algum tempo, houve dúvida quanto a qual divindade caberia a vitória.

Não obstante o halo de luz a contornar a figura do jovem deus persa, tal figura se manteve obscura para nosso entendimento. Das imagens que trazem Mitra matando um touro, é possível inferir que ele representa aquele filho que realizou sozinho o sacrifício do pai e, com isso, redimiu os irmãos da cumplicidade opressiva por aquele ato. Havia outro caminho para a atenuação dessa consciência de culpa, e Cristo foi o primeiro a trilhá-lo. Ele morreu e sacrificou sua própria vida, e com isso redimiu o grupo de irmãos do pecado original.

A doutrina do pecado original é de origem órfica; foi recebida nos mistérios e a partir daí adentrou as escolas filosóficas da Antiguidade grega.[214] As pessoas seriam a descendência dos titãs, que haviam matado e despedaçado o jovem Dioniso Zagreu; o fardo desse crime recaiu sobre eles. Num fragmento de Anaximandro, diz-se que a unidade do mundo teria sido destruída por um crime dos tempos primevos, e que tudo o que adveio daí tem de, por isso, suportar a punição.[215] Ainda que o ato dos titãs, por meio dos traços de amotinamento, assassinato e despedaçamento, faça lembrar muito claramente o sacrifício de morte descrito por São Nilo — como, aliás, de muitos outros mitos da Antiguidade, por exemplo, da própria morte de Orfeu —, o que nos incomoda aqui é a variante da consumação de assassinato de um jovem deus.

No mito cristão, o pecado original do homem é indubitavelmente um pecado contra o Deus Pai. Quando Cristo vem redimir

---

vida. É sumamente interessante o fato de que a circuncisão entre os primitivos seja combinada com o corte de cabelo e com a extração de dentes, ou substituída por estes, e que nossos filhos, que nada podem saber desses assuntos, em suas reações temerosas tratem essas duas operações como equivalentes da castração.

214. Reinach, op. cit., vol II, p. 75 ss.
215. "*Une sorte de péché proethique*" [Uma espécie de pecado proético]. Ibidem, p. 76.

os homens da pressão do pecado original, ato pelo qual ele sacrifica a sua própria vida, ele nos obriga a concluir que esse pecado foi um assassinato. Segundo a lei do talião, profundamente arraigada na sensibilidade humana, um assassinato só pode ser expiado mediante o sacrifício de outra vida; o autossacrifício remete a uma culpa de sangue.[216] E se esse sacrifício da própria vida conduz à reconciliação com o Deus Pai, com isso o crime a ser expiado não pode ter sido outro que não o assassinato do pai.

Portanto, na doutrina cristã, é da maneira menos encoberta que a humanidade confessa o ato culposo dos tempos primordiais, já que agora, na morte sacrificial do filho unigênito, ela encontrou para ele a mais extensiva expiação. Desse modo, a reconciliação com o pai faz-se tanto mais radical, pois, com esse sacrifício, produz-se, ao mesmo tempo, a plena renúncia à mulher, em razão da qual se dera a sublevação contra o pai. Mas agora também a fatalidade psicológica da ambivalência reclama seus direitos. Com o mesmo ato de oferecer ao pai a maior expiação possível, o filho igualmente alcança a meta de seus desejos contra o pai. Ele próprio se torna deus junto ao pai, na verdade, no lugar do pai. A religião do filho substitui a religião do pai. Como sinal dessa substituição, a antiga refeição totêmica é revivificada como comunhão, na qual agora o grupo de irmãos consome carne e sangue do filho, não mais do pai, sacraliza-se mediante esse consumo e por meio dele identifica-se com o filho. Ao longo das épocas, nosso olhar acompanha a identidade da refeição totêmica com o sacrifício animal, com o sacrifício humano teantrópico e com a eucaristia cristã, e em todas essas solenidades reconhece o efeito daquele crime, que tanto oprimiu os homens e do qual eles, não obstante, só podiam estar orgulhosos. Mas a comunhão cristã é, no fundo, uma renovada eliminação do pai, uma repetição do ato a ser expiado. Percebemos até que ponto é acertada a afirmação de Frazer pela qual "*the Christian communion*

---

216. Os impulsos suicidas de nossos neuróticos revelam-se, via de regra, como autopunições por desejos de morte direcionados a outras pessoas.

has absorbed within itself a sacrament which is doubtless far older than Christianity" [a comunhão cristã incorporou um sacramento que é, sem dúvida, muito mais antigo que a cristandade].[217]

7

Um processo como a eliminação do pai primevo pelo grupo de irmãos haveria de deixar vestígios indeléveis na história da humanidade e de se expressar em formações substitutivas tanto mais numerosas quanto menos ele próprio estiver destinado a recordar.[218] Resisto à tentação de indicar esses vestígios na mitologia, onde não são difíceis de ser encontrados, e volto-me para outra esfera, no que sigo uma advertência de S. Reinach, num consistente ensaio sobre a morte de Orfeu.[219]

---

217. "Eating the God". In: Frazer: "Spirits of the Corn...", p. 51, 1912. Ninguém que estiver familiarizado com a literatura sobre o tema haverá de supor que derivar a comunhão cristã da refeição totêmica seja uma ideia do autor deste ensaio.

218. Ariel em *A tempestade*:
   Full fathom five thy father lies;
   Of his bones are coral made;
   Those are pearls that were his eyes:
   Nothing of him that doth fade.
   But doth suffer a sea-change
   Into something rich and strange.

   Na bela tradução de Schlegel:

   Fünf Faden tief liegt Vater dein.
   Sein Gebein wird zu Korallen,
   Perlen sind die Augen sein.
   Nichts an ihm, das soll verfallen,
   Das nicht wandelt Meeres-Hut
   In ein reich und seltnes Gut.

   [A cinco braças plenas jaz o teu pai;
   Seus ossos são agora feitos de coral;
   Pérolas são o que seus olhos foram:
   Nada se estiola nem se perde.
   E nele tudo, no mar, se transforma
   Em algo rico e singular.]

219. "La Mort d'Orphée" [A morte de Orfeu]. In: Reinach, op. cit., vol. II, p. 100 ss.

Na história da arte grega, há uma situação que revela notáveis semelhanças e não menos profundas dessemelhanças com a cena da refeição totêmica reconhecida por Robertson Smith. Trata-se da situação da mais antiga tragédia grega. Um grupo de pessoas, todas com o mesmo nome e vestidas da mesma forma, encontra-se a circundar um único indivíduo, de cujo discurso e ações são todas dependentes: tem-se aí o coro e o ator que representa o herói, ator que, na origem, era um só. Desenvolvimentos posteriores trouxeram um segundo e um terceiro ator a figurar como antagonistas e cisões do herói, mas o caráter deste, bem como sua relação com o coro, mantiveram-se inalterados. O herói da tragédia tinha de padecer; este é, ainda hoje, o conteúdo essencial de uma tragédia. O herói trazia consigo a chamada "culpa trágica", esta que nem sempre é fácil fundamentar; com frequência não se trata de culpa no sentido da vida civil. Na maioria dos casos, ela consistia na insurgência contra uma autoridade divina ou humana, e o coro acompanhava o herói com sentimentos de empatia, buscava detê-lo, adverti-lo, comedi-lo, assim como o lamentava depois que, em razão de sua ousada empreitada, ele havia encontrado a merecida punição.

Mas por que o herói da tragédia tem de padecer e o que significa a sua culpa "trágica"? Queremos abreviar a discussão com uma rápida resposta. Ele tem de padecer porque é o pai primevo, o herói daquela grande tragédia pré-histórica que aqui encontra uma tendenciosa repetição, a culpa trágica sendo aquela que ele tem de tomar para si a fim de aliviar o coro de sua culpa. A cena no palco adveio da cena histórica mediante uma conveniente distorção, ou, poderíamos dizer, a serviço de uma refinada hipocrisia. Naquela realidade antiga, eram precisamente os membros do coro que provocavam o padecimento do herói; aqui, no entanto, eles se exaurem em simpatia e lamentação, com o próprio herói sendo o culpado pelo seu padecimento. O crime que lhe é imputado, a soberba e a rebelião contra uma grande autoridade, é precisamente o mesmo que na realidade oprime os membros do coro, o grupo de irmãos. Desse modo, o herói trágico — ainda contra a sua vontade — converte-se em redentor do coro.

Se, em especial na tragédia grega, o conteúdo do espetáculo se constituía nos padecimentos do bode divino, Dioniso, e no lamento do séquito de bodes a ele identificado, torna-se fácil compreender que o drama já extinto tenha vindo a se inflamar novamente na Idade Média, com a Paixão de Cristo.

Com isso, como conclusão desta investigação conduzida com a máxima brevidade, eu gostaria de enunciar o resultado segundo o qual, no complexo de Édipo, vêm coincidir os princípios da religião, da moral, da sociedade e da arte, em plena consonância com a detecção, pela psicanálise, de que esse complexo compõe o cerne de todas as neuroses, no tanto em que, até agora, elas cederam ao nosso entendimento. Como grande surpresa, me parece que também esses problemas da vida psíquica dos povos autorizem uma solução mediante um único ponto concreto, que é a relação com o pai. Talvez até se possa incluir outro problema psicológico nessa trama. Com bastante frequência tivemos a oportunidade de evidenciar a ambivalência de sentimentos em sentido próprio, e, entenda-se, a coincidência de amor e ódio em relação ao mesmo objeto como estando na raiz de importantes formações culturais. Nada sabemos quanto à origem dessa ambivalência. Podemos supor que ela seja um fenômeno fundamental de nossa vida emocional. Mas também me parece digna de consideração a outra possibilidade, a de que a referida ambivalência, originalmente estranha à vida emocional, tenha sido adquirida pela humanidade com o complexo de Édipo,[220] neste em que a investigação psicanalítica do indivíduo ainda hoje verifica a sua mais forte expressão.[221]

---

220. Ou, antes, o complexo parental.
221. Habituado a mal-entendidos, não tenho por supérfluo expressamente salientar que, nas explicações aqui propostas, de modo algum foi esquecida a natureza complexa dos fenômenos cuja causa cabe especificar; tais explicações pretendem apenas acrescentar um fator novo às origens já conhecidas ou ainda desconhecidas da religião, da moral e da sociedade; esse fator resulta da consideração das exigências psicanalíticas. Vejo-me obrigado a confiar a outros a síntese num todo explicativo. Porém, desta vez, da natureza dessa nova contribuição resulta que em tal síntese ela só poderia desempenhar o papel central, mesmo que se faça necessária a superação de grandes resistências afetivas, antes de lhe atribuir tal importância.

Antes de encerrar, devo dar espaço à observação de que o alto grau de convergência para uma abrangente concatenação, ao qual chegamos nestas explicações, não pode nos fazer cegos para as incertezas de nossas premissas e para as dificuldades de nossos resultados. Quanto a essas dificuldades, quero ainda tratar de apenas duas, que talvez estejam a importunar alguns leitores.

Em primeiro lugar, a ninguém pode passar despercebido que, a todo momento, nos baseamos na hipótese de uma psique de massas na qual os processos psíquicos se dão tal como na vida psíquica de um indivíduo. Supomos, antes de tudo, que a consciência de culpa por um ato pode sobreviver por muitos milênios como pode se manter eficaz em gerações que nada saibam sobre esse ato. Supomos que um processo emocional, como o que pôde surgir em gerações de filhos varões maltratados pelo pai, tem prosseguimento em novas gerações, eximidas desse tratamento precisamente pela eliminação do pai. São apreensões, na verdade, bastante sérias, e preferível seria que qualquer outra explicação pudesse evitar essas suposições.

Ocorre que uma ponderação posterior faz ver que não precisamos arcar sozinhos com a responsabilidade por tal ousadia. Sem a hipótese de uma psique de massas, de uma continuidade na vida emocional do ser humano que permita ignorar as interrupções dos atos psíquicos produzidas pelo perecimento dos indivíduos, a psicologia dos povos de modo algum poderia existir. Se os processos psíquicos de uma geração não continuassem de uma geração à seguinte, se cada geração tivesse de readquirir sua postura diante da vida, nessa esfera não haveria progresso algum, tampouco qualquer evolução. Nesse ponto são suscitadas duas novas questões, a saber, até que ponto é possível confiar na continuidade psíquica em meio a séries de gerações e de quais meios e caminhos se vale uma geração para transferir seus estados psíquicos à seguinte. Não vou afirmar que esses problemas estejam suficientemente esclarecidos nem que a comunicação direta e a tradição — estas que, em primeiro lugar, nos ocorrem — sejam suficientes para tal exigência. De modo geral, a psicologia dos povos pouco se preocupa com o modo pelo qual se estabelece a exigida continuidade na vida psíquica das sucessivas gerações. Parte da tarefa parece providenciada pela hereditariedade de disposições psíquicas, que, no entanto, demandam certos estímulos na vida individual a fim de que despertem para uma ação eficaz. Pode ser esse o sentido das palavras do poeta: "o que herdaste de teu pai, adquira-o, para possuí-lo".[222]

O problema pareceria ainda mais difícil se pudéssemos admitir a existência de moções psíquicas passíveis de ser absolutamente reprimidas, a ponto de não deixar para trás fenômeno residual algum. Porém, tais moções não existem. O mais forte recalque tem de dar espaço a moções substitutivas desfiguradas e às reações que delas se seguirem. Então ficamos autorizados a supor que nenhuma geração esteja em condições de ocultar seus processos psíquicos mais significativos da geração seguinte. A psicanálise nos ensinou que, em sua atividade psíquica inconsciente, todo ser humano possui um aparelho que lhe permite interpretar as reações dos outros seres humanos, e isso significa desfazer as desfigurações que o outro realizou ao expressar suas moções de sentimento. Por essa via da compreensão inconsciente de todos os costumes, cerimônias e estatutos deixados pela relação original com o pai primevo, mesmo as gerações posteriores podem ter conseguido receber a herança emocional em questão.

Outra preocupação poderia ser suscitada justamente da parte do modo de pensar analítico.

Interpretamos os primeiros preceitos morais e restrições de costumes da sociedade primitiva como uma reação a um ato que rendeu a seus autores o conceito de crime. Eles se arrependeram desse ato e decidiram que não mais o deveriam repetir, e que sua execução não poderia levar a ganho algum. Atualmente, essa criadora consciência de culpa não se extinguiu entre nós. Encontramo-la nos neuróticos, a atuar de modo associal, com o intuito de produzir novos preceitos

---

222. Trata-se de Johann Wolfgang von Goethe, ver Goethe, *Fausto*, parte I, cena I. (N.T.)

morais e contínuas limitações ao modo de expiação pelos malfeitos cometidos e de precaução em relação a novos malfeitos que ainda serão cometidos.[223] Mas, se investigamos entre esses neuróticos os atos que despertaram tais reações, ficamos decepcionados. Não encontramos atos, e, sim, apenas impulsos [*Impulse*][224] e moções de sentimento que anseiam pelo mal, cuja execução, no entanto, foi impedida. Na base da consciência de culpa dos neuróticos tem-se apenas realidades psíquicas, não realidades factuais. Desse modo, a neurose se caracteriza por situar a realidade psíquica acima da factual e por reagir a pensamentos com a mesma seriedade com que os normais reagem somente a realidades.

Não será possível que entre os primitivos tenha se dado algo semelhante? Estamos autorizados a lhes atribuir uma extraordinária superestimação de seus atos psíquicos como fenômeno parcial de sua organização narcísica.[225] Não obstante, os meros impulsos [*Impulse*] de hostilidade ao pai, a existência da fantasia de desejo de matá-lo e devorá-lo teriam sido suficientes para produzir a reação moral que criou o totemismo e o tabu. Com isso, escaparíamos à necessidade de remeter o início de nosso patrimônio cultural, do qual, com razão, estamos orgulhosos, a um crime abominável que melindra todos os nossos sentimentos. Assim, a concatenação causal, que vai desde aquele início até nossa atualidade, não sofreria prejuízo algum, já que a realidade psíquica seria suficientemente significativa para trazer consigo todas essas consequências. A isso se objetará que, sim, efetivamente ocorreu uma mudança na sociedade, passando esta da forma da horda paterna à do clã fraterno. Tem-se aí um forte argumento, que, porém, não é decisivo. À mudança teria se podido chegar de modo menos violento, nela se contendo, não obstante, a condição para o surgimento da reação

---

223. Ver o segundo ensaio desta série sobre o tabu.
224. Doravante, daqui para o final da obra, ao fazer referência a "impulsos", acrescentaremos o termo em alemão latinizado, "*Impulse*", para diferenciar essas ocorrências de outras que, igualmente, em português, são traduzidas por "impulsos", a saber, "Triebe". (N.T.)
225. Ver o ensaio sobre "Animismo, magia e onipotência dos pensamentos".

moral. Na medida em que a pressão do pai primevo se fazia sentir, os sentimentos hostis com relação a ele estariam justificados, e o arrependimento em razão deles teria de aguardar outro momento. A segunda objeção tampouco é plausível, uma vez que tudo o que se deriva da relação ambivalente com o pai — o tabu e o preceito sacrificial — traz consigo o caráter da mais elevada gravidade e da mais completa realidade. Também o cerimonial e as inibições do neurótico obsessivo mostram esse caráter e, no entanto, remetem apenas à realidade psíquica, ao propósito, e não a execuções. Com base em nosso mundo insípido, repleto de valores materiais, devemos nos resguardar de introduzir, no mundo dos primitivos e dos neuróticos — mundo este que é rico apenas interiormente —, o desapreço pelo que é meramente pensado e desejado.

Ficamos aqui diante de uma decisão que realmente não nos é fácil. Iniciemos, porém, com a confissão de que a diferença — que a outros pode parecer fundamental, segundo nosso juízo — não encontra o essencial do objeto. Se, para os primitivos, desejos e impulsos [*Impulse*] têm o pleno valor de fatos, cabe a nós acompanhar tal concepção de maneira compreensiva, em vez de corrigi-la segundo nossos critérios. Mas então tratemos de ponderar mais rigorosamente o próprio modelo da neurose, o qual nos trouxe essa dúvida. Não é correto dizer que os neuróticos obsessivos, hoje sob a pressão de uma moral excessiva, defendem-se apenas da realidade psíquica das tentações e se punem por impulsos [*Impulse*] meramente sentidos. Há também algo de uma realidade histórica aí; em sua infância, essas pessoas nada tinham além de impulsos [*Impulse*] maus, e, até o ponto em que a impotência da criança o permitiu, também converteram impulsos [*Impulse*] em ações. Cada qual desses indivíduos bons em excesso teve, na infância, o seu período mau, uma fase perversa ao modo de precursora e premissa da fase excessivamente moral que depois viria. A analogia entre os primitivos e os neuróticos produz--se, assim, muito mais radicalmente se supusermos que, mesmo entre os primeiros, a realidade psíquica, de cuja configuração não há a menor dúvida, inicialmente coincidia com a realidade factual, e que os primitivos efetivamente fizeram o que, de acordo com todos os testemunhos, eles tinham a intenção de fazer.

Entretanto, não podemos deixar que nosso juízo sobre os primitivos seja excessivamente influenciado pela analogia com os neuróticos. Também há diferenças que devem ser levadas em conta. Por certo que em ambos, tanto nos selvagens quanto nos neuróticos, não estão presentes as nítidas separações entre pensar e fazer, tal como as traçamos. Somente o neurótico é inibido em ações, o pensamento sendo, para ele, o substituto pleno do ato. O primitivo encontra-se sem inibições, o pensamento, sem mais, se transpõe em ato, o ato sendo-lhe, por assim dizer, mais um substituto do pensamento, e, com isso, eu quero dizer, ainda sem me pronunciar sobre a certeza última da decisão, que, no caso que discutimos, podemos bem supor: No princípio era o ato.[226]

---

226. "Im Anfang war die Tat" [No princípio era o ato], por cuja enunciação Goethe parodia o início do livro do Evangelho de João, a saber, "No princípio era o Verbo". Goethe, *Fausto*, parte I, cena 3. (N.T.)

Este livro foi impresso pelo Lar Anália Franco (Grafilar)
em fonte Minion Pro sobre papel Pólen Bold 70 g/m²
para a Edipro no outono de 2024.